도깨비,
잃어버린
우리의 신

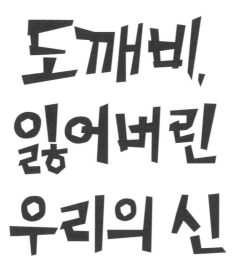

도깨비, 잃어버린 우리의 신

전래동화에 갇힌 전래의 신에 대한
17가지 짧은 이야기

김종대 지음

인문서원

정답고 서러운 존재의 제자리 찾기

도깨비는 우리와 너무 친근한 존재다 우리나라 사람들은 도깨비에 대해 잘 알고 있으며, 누구나 자신 있게 말할 수 있는 대상이기도 하다. 하지만 도깨비는 어린이들을 대상으로 하는 동화에나 나옴직한 존재로만 알고 있는 것이 보편적이다. 이러한 사정은 도깨비가 과연 존재할까, 정말 사람들에게 접근해서 같이 놀 수 있을까 하는 의구심에서 생겨난 것 같다.

그런데 도깨비를 말하는 대부분의 사람들은 도깨비를 직접 보았다고 하는 경험담을 말하는 경우가 많다. 이것은 도깨비가 우리의 일상생활에서 자주 접했던 존재임을 알려준다.

도깨비는 일반적으로 원시인 복장을 하고 머리에는 뿔이 나고 손에는 못이 박힌 철퇴를 들고 있다고 한다. 하지만 이러한 도깨비는 일본에서 들어온 오니(鬼)의 형상을 그대로 본뜬 것이다. 즉 일제 강점기에 들어온 '혹부리영감 이야기'가 초등학교 국어독본에 실리면서 여기의 삽화인 오니가 우리의 도깨비 형상으로 둔갑한 것이다. 그런데도 해방 이후 우리 교과서에 오니가 도깨비인 줄 알고 그대로 실렸으며, 그것이 마치 도깨비의 본모습인 양 인식되는 결과를 낳았다. 특히 오니의 형상을 갖게 되면서 1980년대에는 귀면와(鬼面瓦)를 '도깨비기와'로 부르는 왜곡까지 생겨났다. 이것은 도깨비가 한국인에게 과연 무엇이었는가를 모호하게 만드는 역할을 했을 것이다.

　도깨비는 그런 점에서 서럽다고 하겠다. 도깨비 본래의 모습을 갖지 못하고 남의 나라 요괴의 모습으로 전락해버렸기 때문이다. 따라서 도깨비가 과연 어떤 형상으로 나타나 우리 곁에서 살고 있으며, 도깨비가 어떻게 신앙 대상으로 정착하게 되었는지를 올바르게 아는 것이 필요하다.

　이 책은 도깨비에 관한 해명작업의 하나로 작성된 것이다. 해명작업이라는 용어를 쓴 이유는 단순하다. 도깨비에 대한 이해가 명확하게 이루어지지 않았기 때문이다 이런 점에서 이 책은 우리 민족이 도깨비를 단순히 이야기 속의 주인공이 아니라 신격화된 존재로 이해해왔다는 점을 강조하는 방향으로 서술되었다.

이 책의 진정한 목적은 도깨비를 올바르게 알기 위한 정보를 제공하는 것이다. 도깨비가 나오는 이야기가 무엇이며, 그런 이야기들이 우리에게 무엇을 말하고자 하는지를 알려준다. 또한 도깨비를 신앙시하는 우리 민족의 전통을 살펴보며 도깨비가 어떤 존재로 인식되어왔는지도 알아본다. 이 책이 도깨비를 조금이나마 이해라 수 있는 계기가 되었으면 한다.

2016년 12월
김종대

차례

잃어버린 신,
도깨비
이야기를
시작하며

'도깨비'는
'능력 있는 남자'라는 뜻이다?

도깨비는 어린 시절을 떠올리게 하는 정다운 이름이다. 도깨비 그림도 많이 그려보고, 삼삼오오 모여서 도깨비 흉내도 내며 놀곤 했다. 도깨비불이나 도깨비방망이에 대한 이야기는 그야말로 흥미 진진한 이야기를 넘어 많은 상상을 하게 해주었다. 가만히 생각해 보면 어린 꼬마였을 때에도 도깨비는 귀신처럼 무서운 존재로 여 기지는 않았던 것 같다. 어떤 면에서는 장난꾸러기 친구 같기도 했고, 인간에게 없는 신통한 능력을 지녔기에 어떤 면에서는 동경 의 대상이기도 했다.

우리의 어린 시절을 이렇듯 즐거운 기억들로 채워주던 도깨비. 요놈의 도깨비는 어디서 툭 튀어나온 것일까? 그리고 수많은 이 름 가운데 왜 하필이면 도깨비라는 이름을 갖게 되었을까? 우리 가 가진 이름에는 저마다 뜻이 있다. 그렇다면 도깨비라는 이름에도 특별한 의미가 있는 것은 아닐까? 분명 우리 할아버지, 할머니가 이름을 지었을 테니까 말이다.

도깨비=돗+가비

도깨비 이야기는 어른들로부터 듣기도 하고 동화책에서 읽기도 하지만, 우리 조상들이 오래전에 남긴 책에서도 많이 찾아볼 수 있다. 도깨비가 처음 글에 등장하는 것은 조선시대다. 세종대왕 때 편찬된 붓다의 일대기와 설법을 담은 책 『석보상절(釋譜詳節)』에 나오는 도깨비에 대한 글을 읽어보자.

> 돗가비 請ᄒ야 복을비러 목숨길오져 ᄒ다가 乃終내 得디 몬ᄒᄂ니 어리여미 흑ᄒ야 邪曲흔보믈 信홀씨 곧 橫死ᄒ야 地獄에드러날 그지업스니 이를 첫 橫死ㅣ라ᄒᄂ니라.
>
> (도깨비를 청하여 복을 빌어 목숨을 길게 하고자 하다가 마침내 얻지 못하니 어리석어 정신이 없어 요사스러운 것을 믿음으로 곧 횡사하여 지옥에 들어가 나올 수 없으니 이를 첫 횡사라고 한다.)

이렇게 책 속에 도깨비가 남겨질 정도라면 당시 일반인들에게 도깨비가 널리 퍼져 있었다는 것을 알 수 있다. 한글과 한자가 함께 쓰여 있는 『석보상절』에는 도깨비를 '돗가비'라고 했다. '돗가비'의 변천 과정을 살펴보면 '돗사비'로 바뀌었다가 다시 '도까

『석보상절』에 기록된 돗가비.

비'가 되었고, 그러다가 도깨비라는 이름으로 정착되었다. 그런데 지역마다 나름의 독특한 발음과 사투리들이 있듯이 도깨비라는 단어도 도채비, 도까비, 돗찌비, 토째비, 토개비 등의 별칭으로 불렸다.

'돗가비'는 '돗'과 '아비'가 합쳐져 만들어진 합성어인데, '돗'은 불(火)이나 곡식의 씨앗을 말하는 종자(種子)를 뜻하고, '아비'는 아버지를 뜻하는 남자를 말한다. 아비는 고려속요인 「쌍화점(雙花店)」과 처용설화(處容說話)에 나오는 '회회아비'나 '처용아비'를 볼 때 성인이 된 남자라고 생각하면 된다.

'돗'의 뜻을 '능청맞고 수선스럽고 변덕스러움'이라고 해석하기도 하는데 연구자마다 다르게 해석하기도 한다. 국어학자인 서정범 교수(1926~2009)는 '돗가비'를 '돗+아비'의 합성어로 보았다. 그러나 '돗'을 도섭의 원형이라고 하여 능청맞고 수선스럽게 변덕을 부리는 것을 의미한다고 했다. 그런데 '돗'에 대한 이러한 해석은 완전하지 않다. 서정범 교수가 '돗'을 '능청스럽고 수선맞고 변덕스러움'을 의미한다고 본 것은 도깨비 이야기 속에 등장하는 도깨비의 성격만을 고려했기 때문이다. 한편 박상규 교수는 '돗'의 발음 표기를 tot으로 본다면 그 어원이 불이나 씨앗이라고 보았다.

하지만 '돗'이 이런 의미를 지니게 된 것은 아주 많은 세월이 지난 뒤이다. 아주 먼 옛날에는 도깨비가 신으로 받들어졌을 가능성이 높다. 오늘날에도 도깨비 제사를 지내는 곳이 있는 것으로 봐서는 분명히 그렇다. 이들 제사의 대상이 된 도깨비는 능청맞거나 수선스럽지 않다. 오히려 병을 가져오는 역신(疫神)적인 존재나 사람을 부자로 만들어주는 존재로 여겨지기도 한다. 제사뿐이 아니다. 전해오는 도깨비 이야기 중에는 무언가를 도깨비에게 간곡히 바라는 내용이 많다. 앞에서 나온 '도깨비를 청하여 복을 빌어 목숨을 길게 하고자 하다가……'라는 『석보상절』 구절은 아주 좋은 예이다. 즉 재물과 함께 수명이 길어지기를 오래전부터 기원했음을 알 수 있다.

여기서 우리는 자연스럽게 도깨비 이야기인 '도깨비방망이 얻기'를 떠올린다. 도깨비방망이는 지금 보면 요술 지팡이나 마찬가지다. 도깨비는 인간과는 어딘가 다른 신비한 존재, 신기한 능력을 지닌 존재로 여겨진 것이다. 농기구나 기계가 지금처럼 발달되지 않았을 당시, 사람들에게 제일 중요했던 것은 풍년이나 풍어였을 것이다. 그래서 도깨비는 분명 불이나 종자처럼 생산력이나 부를 늘릴 수 있는 능력을 지닌 존재, 또는 그러한 능력을 이르는 말에서 탄생했다고 보아야 한다.

사람들은 도깨비를 어떻게 생각했을까

당나라의 단성식(段成式)이 지은 『유양잡조(酉陽雜俎)』라는 책이 있다. 거기에는 신라에서 전해 내려온다는 '방이설화(旁征說話)'가 수록되어 있는데, 우리가 잘 아는 '도깨비방망이 얻기'와 이야기가 너무나 비슷하다. 어쩌면 방이설화가 '도깨비방망이 얻기'의 원조가 아닐까? 북한에서 펴낸 『조선전사』에 수록된 『유양잡조』의 방이설화를 읽어보자.

> 방이는 가난하지만 동생은 부자였다. 동생은 방이가 누에 종자와 곡식 종자를 좀 달라고 부탁하자, 주자니 아깝고 그렇다고 안 줄 수도 없는 노릇이고 해서 종자를 몽땅 쪄서 주었다. 방이는 비록 찐 종자일지언정 혹시나 하는 마음에 정성껏 보살폈다. 그러자 마침내 누에 종자에서 누에 한 마리가 기적처럼 생겼다. 더구나 그 크기가 유달리 커서 방이는 기뻐 어쩔 줄을 몰랐다.
> 이 소식이 동생에게 전해졌다. 이 동생이 어떤 동생인가.

샘 많은 동생은 소식을 듣자마자 배가 아파 자리에 눕고 말았다. 그러다가 결국에는 몰래 방이 집에 가서는 그만 누에를 죽여버리고 말았다. 방이의 낙심은 이만저만이 아니었다. 그런데 그렇게 며칠이 지나자 난데없이 나타난 수많은 누에들이 방이의 집으로 기어 들어오는 것이 아닌가! 방이는 그 누에들을 잘 키워 많은 고치를 거두었고 동네 사람 모두에게 골고루 나누어주기까지 했다.

또한 방이는 동생한테서 받아온 찐 곡식 종자를 정성껏 심어 가꾸었다. 곡식 종자에서도 누에 종자처럼 종자 하나가 싹을 틔웠다. 싹은 무럭무럭 자랐고, 자란 높이가 한 자나 되었다. 그러던 어느 날 갑자기 새 한 마리가 날아와서 그 곡식을 꺾어 물고는 달아나버렸다. 놀란 방이는 그 새를 놓칠세라 따라갔다. 계속 날아가던 새는 갑자기 어느 바위틈으로 들어가더니 사라져버렸다. 힘들게 뒤쫓아 온 방이는 바위 구석구석을 뒤지며 새를 찾으려고 했지만 찾을 수가 없었다. 이미 날도 저물었다. 방이는 하는 수 없이 바위 옆에서 아침이 될 때까지 기다리기로 했다.

바로 그때였다. 어디선가 이상한 소리가 들려 방이는 바위 사이로 몸을 숨겼다. 아이들[『유양잡조』에는 소아적의(小兒赤衣)라고 되어 있다-지은이주]이었다. 어디서 나타났는지 아이들이 몰려와서는 금방망이를 꺼내 두드리기 시작했다. 그런데 놀라운 일이 벌어졌다. 아이들이 요구하는 대로 술이며 떡이며 고기가 방망이에서 마구 쏟아지는 것이 아닌가!

아이들은 한참 동안을 이렇게 먹고 놀다가 금방망이를 돌틈에 끼워놓고는 어디론가 가버렸다. 방이는 아이들이 두고 간 금방망이를 가지고 집으로 돌아왔다. 아이들이 한 것처럼 방망이를 두드리니 금은보화가 쏟아졌다. 방이는 부자가 된 것이다. 방이는 보물을 동생한테도 나누어주었다. 하루아침에 부자가 된 방이를 보고 놀란 동생은 이상하게 생각하여 방이를 졸라댔다. 도대체 어떻게 된 일이냐고. 결국 방이는 금방망이 이야기를 동생에게 들려주었다. 그러자 동생도 그 금방망이를 갖고 싶어 방이처럼 흉내를 냈지만 아이들한테 금방망이를 훔쳐간 도적으로 잡혀 코가 열 자나 늘어난 채 도망쳐 왔다.

방이설화에 나오는 이 아이들을 도깨비라고 생각하면 된다. '도깨비방망이 얻기'와 같은 유형의 이야기에도 도깨비한테 벌을 받아 코가 여덟 자, 성기가 열 자나 늘어나 고생한다는 내용이 있다. 이런 점에서 신라시대에 전해 내려오던 방이설화를 지금까지 알려진 '도깨비방망이 얻기'의 원형으로 봐도 무방하다.

조선시대 성현(成俔)의 『용재총화(傭齋叢話)』나 김안로(金安老)의 『용천담적기(龍泉談寂記)』에도 도깨비에 대한 기록이 나온다. 『용천담적기』를 읽어보자. 거기에는 김안로의 친구 중에 성번중이라는 사람이 있는데, 그의 집에 도깨비가 나타나 장난질을 한다는 기록이 나온다. 여기서는 도깨비를 '귀(鬼)'로 적고 있다.

나의 친구 성번중의 집에서 언젠가 귀신이 장난을 쳤다. 초저녁 종이 울릴 무렵, 서산의 수풀 속에서 귀신이 유유히 나와서는 돌을 던지기도 하고 불을 붙여오기도 했다. 그 귀신은 한 여종을 건드려 그만 여종은 임신을 하게 되었는데 여종의 말에 따르면 마치 사람과 접촉하는 느낌이었다고 한다. 이런 일이 여러 집에서 자주 일어났다. 의원들은 이를 귀태(鬼胎)라고 하는데 아무리 막으려 해도 도저히 막을 방도가 없다(吾友成蕃仲家 嘗有鬼怪 西日初暝 昏鍾欲動 隱隱然出自 西岡密林中 或投石或燃火而至 陵汚一媿子 歆歆然受姙 如有人道之感 人家往往多遭此患 醫家所謂鬼胎者是也).

이 글을 보면 도깨비의 장난으로 보이는 내용을 귀신의 장난으로 표기하고 있다. 귀신의 장난이 아니라 도깨비의 장난임을 알 수 있는 것은 초저녁에 수풀 속에서 나온다는 것, 돌을 던지고 불을 붙인다는 것, 그리고 사람과 접촉하여 임신을 하게 만든다는 것 등이다. 이런 것들이 오늘날 우리가 알고 있는 도깨비의 장난과 일치하기 때문이다. 그러나 임신을 시킨다는 것은 다르다. 도깨비는 과부를 찾아와 정을 통하지만 임신을 시켰다는 이야기는 찾기가 어렵다. 이 이야기는 조선 초기의 도깨비 활동을 아는 데 도움이 된다.

조선 후기에 편찬된 작가 미상의 야담집인 『청구야담(靑丘野談)』에 실려 있는 '귀물매야색명주(鬼物每夜索明珠)'는 '야래자설화(夜來者

說話)’라고 불리는 유형의 이야기다. 밤마다 낯선 사람이 찾아와 동침을 하여 임신을 하게 되었고, 태어난 자식이 큰 인물이 되었다는 것이 줄거리인데, 이런 줄거리의 이야기는 사실 횡성의 견훤 탄생담과 같은 구조다. 또한 이런 이야기가 전해지는 곳이 모두 횡성이라는 특징이 있다. 따라서 견훤 탄생담이 전해 내려오면서 이야기가 다양하게 변화되었다고 볼 수 있다. 또한 조선 후기에 이희준이 편찬한 문헌설화집인 『계서야담(溪西野談)』에도 '원주삼상 유최가자(原州蔘商有崔哥者)'라는 이야기가 있는데, 그 구조 또한 야래자설화와 비슷하고 도깨비가 주인공으로 나온다는 점에서 같은 유형의 이야기라고 할 수 있다. 대략적인 줄거리는 다음과 같다.

① 원주의 인삼 장수 최가(崔哥)는 큰 부자였다.

② 그의 모친은 20여 세에 아들을 낳은 뒤 과부가 되어 죽는 날까지 수절하였다.

③ 밤마다 장부가 찾아와서는 자신을 가장(家長)이라고 하면서 최의 모친을 범하였다.

④ 그는 올 때마다 재물을 가져왔으며 창고는 그 재물로 가득하였다. 최의 모친은 그가 귀물(鬼物)임을 알고 무엇을 싫어하는지 물어보았다.

⑤ 황색을 싫어한다는 말에 최의 모친은 온 집안을 황색으로 칠했다.

⑥ 그가 와서는 놀라 물러나면서 다시 오지는 않겠지만 산업을 이루어주겠다고 하였다.

⑦ 이후 최씨 집안은 도내에서 갑부가 되었다.

_ 서대석 편역,『조선조문헌설화집요(Ⅰ)』, 242쪽에서 인용

이들 책에는 도깨비를 귀(鬼)라고 하고, 도깨비불을 귀화(鬼火)라고 적고 있는데 기록한 사람들은 도깨비와 귀신을 특별히 구분하지 않은 것으로 보인다. 도깨비를 귀신의 한 유형으로 보지 않았나 싶다. 그런데『조선왕조실록』에는 도깨비를 이매망량(魑魅魍魎)이라고 표기하고 있다. 이매란 중국의 귀(鬼)다. 그렇다면 왜 실록에는 도깨비의 짓이나 도깨비 같은 인물을 이매라고 표기했을까?

이관의 아들인 이효원은 악행을 많이 저지른 자입니다. 그에 대해서 추잡한 소문이 떠돌고 그의 비루한 행실은 온 백성이 다 알고 있는데도, 원흉의 친구라는 이유 때문에 좋은 자리를 차지하고 있습니다. 사람들은 그를 혹독한 이매(魑魅)로 여기고 있습니다.

_『광해군』3권 원년 4월 임신일

『조선왕조실록』에서 임금을 음해하는 사람이나 행실이 나쁜 사람을 도깨비를 뜻하는 이매로 지칭하는 경우를 흔히 볼 수 있다. 또 대궐 안에서 이상한 변괴가 있음을 지적하는 대목에도 귀매(鬼魅)란 표현을 사용한다. 현종 때 허적이 왕에게 이렇게 아뢰었다.

백성들의 말을 들으니, 자전께서 거처하시는 궁중에 귀매

(鬼魅)의 변괴가 있다고 하고, 통명전(通明殿)에는 더 심한 변괴가 있다고 합니다. 궐내의 다른 곳으로 거처를 옮기시는 것이 어떻겠습니까?

_『현종실록』9권 5년 12월 을해일

이 말만 가지고는 도깨비의 변괴가 어떤 것인지 정확하게 알 수 없다. 그런데 성소 때 강용휘란 사가 궁궐 지붕 위에서 기왓장을 제치고 모래를 뿌려 마치 도깨비가 한 짓인 양 사람들을 현혹시키려 했다는 기록이 있다. 아마도 이와 비슷한 일이 있었던 것이 아닐까. 결국 도깨비의 변괴란 기왓장을 뒤지고 모래를 뿌리는 따위의 일일 것이고, 이런 짓을 도깨비의 짓으로 생각했음을 알 수 있다.

속담에도 '도깨비 기왓장 뒤지듯이'라는 표현이 있다. 사람이 한 짓이라고 생각할 수 없는 일에 대해 도깨비가 한 짓이라고 생각했던 것이다. 그 하는 짓으로 봐서는 우리의 도깨비짓이거늘 실록이 굳이 '이매'와 '귀매'라고 표기한 이유는 뭘까? 아마도 한자로 표기하기에 적당한 말이 없었기 때문에 중국의 귀(鬼)인 이매와 귀매를 빌려 쓴 것 같다.

도깨비 머리에는 뿔이 없다!

실록을 보면 정조가 청나라의 사신으로 갔다가 돌아온 정원시

(鄭元始)에게 중국의 사정을 물으면서 주자(侏子)의 생김새가 어떤지 말하라고 했다.

> 눈은 깊이 들어갔고 눈썹은 크며 들창코에다 나귀 얼굴을
> 하고 있어 마치 매(魅)와도 같았고 짐승과도 같았습니다. 또
> 한 누린내가 풍겨서 사람이 가까이 갈 수 없었습니다. 용맹
> 과 힘이 매우 뛰어나지만 희로(喜怒)가 일정하지 않아 호인
> (胡人)들도 매우 두려워하였습니다.
>
> _『정조실록』10권 4년 11월 신축일

주자란 난쟁이를 말하는데, 코가 크고 눈이 깊은 것을 보면 아라비아인이 아닌가 생각되지만 정확하지 않다. 아무래도 여기에 묘사된 형상은 중국의 귀 형상을 말한 것이 아닌가 한다. 실록에는 도깨비를 일컫는 한자로 중국의 이매를 차용했다. 그런데 여기서는 도깨비를 뜻한다기보다 중국의 귀, 이매를 그대로 말하고 있는 게 아닌가 한다. 여기에 묘사된 형상은 우리 민간에서 생각하는 도깨비의 형상과 다르기 때문이다.

19세기의 학자 이규경(李圭景)이 쓴 백과사전 형식의 책인『오주연문장전산고(五洲衍文長箋散稿)』에도 도깨비에 관한 기록이 있는데, 여기서는 도깨비를 중국의 귀인 '독각귀(獨脚鬼)'로 표기하고 있다.

> 풍속에 독각귀가 있는데 지금도 곳곳마다 있다고 한다. 독
> 각귀는 쉽게 자신을 숨길 수 있고 인가에 내려와 음란한 짓

장천 1호분의 거인.

을 하고, 사람에게 병을 옮기며, 멋대로 물건을 도둑질하여
사람들에게 해를 입힌다고 한다. 법술(法術)로 몰아낼 수도
없고 약으로도 다스릴 수 없으며 다섯 번이나 일곱 번을 소
리쳐 신을 청해서 축원해야 한다고 한다. 이유는 모르겠지
만 보통은 뒤돌아서서 이름을 부르면 도깨비가 나타나지만
해를 끼치지 않으며, 천년 묵은 두꺼비가 그것을 먹는다고
한다. 혹 이것이 다스리는 방법이 아닌가 한다. 이 귀신은
우리나라에도 있는데 밤에는 횃불처럼 빛을 내거나 휘파람
을 불거나 소리를 지른다. 장작개비로 두드리거나 모래로
솥을 씻거나 신을 땅바닥에 두드리며 소리를 내거나 방망
이질을 하여 소리를 내는 등 참으로 괴상하기 짝이 없는 짓

을 한다. 모습이 보이지 않아 어떻게 생겼는지는 알 수가
없다.

독각귀는 다리가 하나뿐인 산에 살고 있는 귀로서, 생김새나 하
는 짓이 우리 도깨비와 다르다. 그런데 횃불처럼 빛을 내거나 휘
파람을 불거나 소리를 지른다거나, 장작개비로 두드리거나 모래로
솥을 씻거나 신을 땅바닥에 두드리며 소리를 내거나 방망이질을
하는 등 묘사된 행동거지로 볼 때 분명 우리 도깨비의 짓인데 왜
독각귀의 짓이라고 기록한 것일까? 여기서도 도깨비를 한자로 표
기하려다 보니 어쩔 수 없이 중국의 귀를 차용한 것 같다.

독각귀는 중국의 귀인 산소를 일컫는다. 산소는 다리가 하나밖
에 없고 산에 살고 있으며, 주로 중국의 강남 지방에 살고 있는
귀다. 『중국의 상징사전(A Dictionary of Chinese Symbols)』을 쓴 저명한
독일계 중국학자 볼프람 에버하르트(Wolfram Eberhard)는 독각귀가
한족(漢族)이 아닌 다른 민족에 의해 만들어졌다는 가설을 제시했
다. 일본 학자 요다 지호코(依田千百子)는 이런 독각귀가 역신과 농
경신의 기능을 갖고 있다는 점과 외다리라는 특징을 토대로 수목
정령(樹木精靈)과 밀접한 관련이 있는 것으로 보았다. 그래서 우리
나라의 마을 신앙과 연결시키기까지 했다.

그런데 도깨비는 농경문화보다는 어로문화와 더 밀접한 관련을
맺고 있다. 우리 도깨비는 산에서보다 바다에서 더 많이 나타나기
때문이다. 도깨비가 풍년뿐 아니라 풍어를 가져다주는 신격으로
자리 잡은 것은 독각귀와 다른 뚜렷한 차이점이다.

또한 요다 지호코는 우리 도깨비를 산에서 사는 귀신이라고 설명하고 있는데 그것은 좀 의심스럽다. 현재까지 밝혀진 바로는 도깨비가 사는 곳은 산과 바다다. 그런데도 도깨비를 산에 사는 귀신이라고만 하고 바다에 산다는 내용을 빠뜨린 이유는 무엇일까? 그가 우리 도깨비가 바다에 산다는 사실을 알고 있는지는 분명하지 않다. 그러나 도깨비가 산뿐 아니라 갯벌에서 주로 나타나고 특히 도깨비불로 나타날 때는 고기가 많이 잡힐 어장을 알려준다는 점세속(占歲俗)의 상징이라는 사실로 볼 때, 요다 지호코의 견해는 중국의 독각귀를 염두에 두고 도깨비를 묘사한 것이라고 볼 수 있다.

지배계층의 도깨비 vs 민중의 도깨비

『오주연문장전산고』에서는 독각귀라고 표기하고는 있지만 우리 도깨비에 대한 여러 가지 기록이 있다. 그런데 흥미로운 것은 여기에 민중들이 도깨비를 믿음의 대상, 신앙의 대상으로 삼았다는 내용이 빠져 있는 것이다. 도깨비가 인간에게 재물이나 복을 가져다주는 신격적인 존재라기보다 오히려 인간에게 해를 끼치는 존재로만 설명되어 있다. 이런 점에서 『오주연문장전산고』의 도깨비 기록은 민중이 생각한 도깨비와는 거리가 있다. 이는 지배계층과 민중의 도깨비에 대한 인식이 서로 달랐음을 보여준다.

19세기 말에서 20세기 초 사이에 '바라지신화'가 서울의 구리

개(을지로에서 남대문로 사이에 위치한 고개)와 을지로 등의 약국을 중심으로 구전되었다. 바라지신화를 보면 일반인들이 도깨비를 어떻게 생각했는지 알 수 있다. 도깨비는 백성들에게 부를 가져다주는 존재였던 것이다.

어느 약국 주인이 일찍 일어나서 눈썹바라지로 한길을 내다보고 있었다. 그때 웬 벙거지를 쓴 사람이 지나가다가 바라지를 쳐다보고는, "벌써 일어났습니까?" 하고 인사를 했다. 그러고는 대문으로 들어오더니, "저는 아실 만한 어느 댁에서 일하고 있습니다. 그런데 우리 댁에서 1만 냥을 누군가에게 맡겨야 할 처지가 되었습니다. 달리 맡길 곳을 찾을 수가 없습니다. 부디 힘드시더라도 댁이 좀 맡아주십시오." 하고 말했다. 주인은 왠지 자신이 신용을 얻고 있다는 생각에 기뻐 돈을 맡아두겠다고 했다. (중략) 그런데 그날 이후로 그 사람을 볼 수가 없었다. 웬일인가 주인은 이런저런 생각을 하다가 그 1만 냥을 요긴하게 쓰기로 마음먹었다. 다행히 운이 좋았던지 주인은 돈을 늘려 부자가 되었다. 그동안에 벙거지를 쓴 사람은 그림자도 비치지 않았고 주인은 늘 궁금해 하며 지냈다.

그러던 어느 날 아침, 주인은 우연히 바라지로 밖을 내다보는 데 그 벙거지 쓴 사람이 지나가는 게 아닌가. 주인은 너무나 반가워하며 그 사람을 불렀다. 그런데 그 사람은 바라지 밑으로 다가와서는 마치 아무 일도 없었다는 듯이 이렇게 말하는 게 아닌가. "왜 궁금해서 그래요? 사실 나는 사람이 아니고 도깨비요. 당신은 참 정직한 사람이오. 그런데 정직하기만 할 뿐 수단이 없어 약국을 연 지 수십 년이 지나도 밤낮 그 모양일 뿐 발전이 없었소. 참 딱하게 생각되어 그 돈을 당신에게 준 것이오. 아무 걱정 말고 잘 쓰시오." 하고는 사라져버렸다.

_ 최남선, 『조선의 신화와 설화』에서

조선 후기 민중이 도깨비를 어떻게 생각했는지 잘 알 수 있는 내용이다. 동시에 도깨비는 일반 민중들에게 어떤 삶을 살아야 할지 역설적으로 보여주고 있다. 도깨비는 정직한 사람을 도울 뿐 아니라 재물을 관장하는 신격적 존재로 묘사되고 있다.

문헌에 나타나는 도깨비의 성격은 이중적이다. 원래 도깨비는 사람에게 해를 끼치는 존재이기보다는 도움을 주는 긍정적인 존재로 여겨졌고, 그렇기 때문에 정직한 삶을 살아가는 대다수 민중들에게 희망을 주는 존재였다. 재물을 가져다주고 가난한 사람을 부자로 만들어주니 가난한 사람들에게 희망을 주는 존재였던 것이다. 그렇기 때문에 민중들의 삶이 어려우면 어려울수록 도깨비는 더욱 큰 믿음의 대상이 되었던 것이다.

그런데 민중들에게 희망을 주었던 『정감록(鄭鑑錄)』의 '정도령' 이야기나 '아기장수' 이야기 등과 같은 여러 도깨비 이야기가 계속 전승되지 못한 이유는 무엇일까? 그것은 도깨비의 부정적인 면, 말하자면 심술 맞고 장난기가 심하다거나 도깨비불로 나타나 사람들을 현혹시킨다거나 돌림병을 가져온다는 면들이 도깨비의 긍정적인 면보다 더 강화되어버렸기 때문인 것 같다.

옛날부터 귀신에 홀렸다는 말이 있다. '홀린다'는 말은 긍정적인 뜻으로 사용되지 않는다. 도깨비에게 홀렸다고 할 때도 도깨비를 긍정적인 존재로 보지 않은 것이다. 또 부를 가져다주는 신격적 존재인 도깨비가 돌림병을 가져오는 역신으로까지 여겨지기도 했는데, 이 또한 도깨비를 부정적인 존재로 보고 있는 것이다. 이렇듯 도깨비의 이미지가 긍정적인 데서 부정적인 데로 변화된 것은 환경의 영향이 크게 작용한 것으로 보아야 한다.

2 도깨비,
귀와 오니 사이에서 길을 잃다

　우리는 한국의 도깨비뿐 아니라, 일본의 도깨비가 어떻다, 중국의 도깨비가 어떻다는 말을 듣는다. 먼저 밝혀두지만 한국의 도깨비와 일본의 요괴, 중국의 귀는 서로 다르다. 그런데도 일본의 요괴와 중국의 귀를 도깨비라고 하는 것은 잘못이다. 예컨대 일본의 오니를 일본의 도깨비라고 하거나 중국의 이매 등을 중국의 도깨비라고 부르는 것은 잘못된 것이다. 왜냐하면 오니와 이매와 도깨비는 속성과 근본이 서로 다른 존재이기 때문이다.

　한국의 도깨비는 상위의 신이 영락한 하위의 신이다. 귀신도 사람도 아닌 존재인 것이다. 중국의 귀는 매우 포괄적인 개념이다. 사람이 죽어서 되는 귀신뿐 아니라 뭔가 인간과는 다른 존재 전체를 일컫는다. 또한 중국의 귀 가운데 사람이 죽어서 된 존재라 하더라도 이는 한국의 귀신과 다르다. 강시(僵尸)는 사람이 죽은 귀신이지만 한국에는 그런 귀신이 없다. 일본의 요괴는 신이나 귀신, 인간이 아닌 존재를 말한다. 일본의 요괴는 사람이 죽어서 되는 존재가 아닌 것이다. 우리의 도깨비와 중국의 귀, 일본의 요괴는 각각 나름의 독특한 기원을 갖고 탄생했다.

도깨비와 귀, 요괴는 차이가 있다

1990년대에 도깨비 조각전이 열린 적이 있다. 그때에도 '한중일 문화에 담긴 도깨비(『매일경제신문』 1999년 2월 1일자)'라는 제목으로 신문에 기사가 나왔다. 그 기사에는 '도깨비상은 도철문(饕餮文)에서 기원하며, 고대에는 짐승 얼굴에 사람 몸을 가진 형상이었다가, 중국의 남북조시대에는 완벽한 도깨비 전신상이 만들어져 일본에도 전파됐다'는 내용이 나온다. 이 기사만 보면 도깨비는 중국에서 태어나 우리나라를 거쳐 일본으로 전해졌다고 알게 된다. 거듭 말하지만 이는 잘못된 생각이다. 귀면와(鬼面瓦)나 백제의 전돌 등에 조각된 귀면상(鬼面像)의 경우는 기사의 내용이 맞지만 도깨비는 전혀 다르다.

귀면문양(鬼面紋樣)은 벽사(辟邪) 기능이 있다. 사람들은 인간을 괴롭히는 잡귀를 쫓아내려고 귀면문양을 만들었다. 하지만 도깨비에는 벽사 기능이 없을 뿐 아니라 도깨비 자체가 원래 음귀적 속성(음습한 곳을 좋아하고 밤에 주로 나타난다는 속성)을 가지고 있다.

그렇기 때문에 귀면문양의 기능이나 속성을 두고 우리 도깨비

신라시대의 귀면와.

강화도 정수사의 귀면.

와 연결시키는 것은 잘못된 것이다. 한마디로 관련이 없다.

이 기사뿐 아니라 일반적으로 도깨비에 대한 이해는 많이 왜곡되어 있다. 도깨비는 나름의 존재 이유를 갖고 우리 민족의 심성 속에서 자생하여 성장해온 독특한 존재다. 그런데도 이런 오해가 생기는 이유는 무엇일까? 도깨비를 한자로 표기할 때 귀나 독각귀, 이매망량 등으로 표기한 데서 오해가 생겼다고 볼 수 있다.

말하자면 글자만으로 도깨비를 중국의 귀로 표기한 것인데, 이를 잘못 이해하여 한국의 도깨비와 중국의 귀를 동일하게 보고 더 나아가 일본의 요괴를 같은 존재로 생각해버린 것이다. 예를 들어 성현의 『용재총화』에 나오는 안부윤이 경험한 도깨비불 이야기를 보더라도 도깨비불을 '귀화(鬼火)'로 표기하고 있다. 또한 우리 옛글 속에서 도깨비를 한자로 표기할 때 중국의 귀인 독각귀를 사용한 것이 도깨비에 대한 오해를 불러일으켰다고 볼 수 있다.

문제는 이것만이 아니다. 도깨비 연구가 설화를 중심으로 이루어졌기 때문에 도깨비를 대상으로 한 신앙 문제는 현재까지 거의 다루어지지 않았다. 이유는 현지 조사를 일일이 해야 하는 어려움과 전승이 점차 단절되고 있다는 데 있을 것이다.

동북아시아의 요괴민속학과도 관련이 있다고 볼 수 있다. 일본의 경우는 요괴를 민속학의 학문 대상으로 삼고 있으며, 이에 대한 연구가 활발하게 이루어지고 있다. 그러나 우리는 도깨비의 본질조차 분명하게 밝히고 있지 못하기 때문에 일본의 연구 결과를 토대로 도깨비를 연구하고 있다. 즉, 일본의 요괴와 우리의 도깨비는 서로 관련이 있다거나, 서로 속성이 유사하다거나 하면서 일본이 연구해온 요괴를 중심으로 도깨비를 연구하는 데 머물고 있는 것이다.

동북아시아권인 중국이나 한국 그리고 일본은 문화적인 교류나 전파가 빈번하게 이루어졌기 때문에 문화적으로 유사한 면이 있다. 특히 이들 문화권을 하나로 묶을 수 있는 중요한 틀 중의 하나로 한자 사용을 들 수 있다. 그러나 바로 그 점 때문에 오해를 불러일으킬 수 있다. 우선 일본의 요괴와 중국의 귀를 비교해서 유사점과 차이점을 살펴보자.

오니에서 갓파까지, 일본의 요괴들

일본의 요괴 중에서 우리 도깨비와 유사한 속성을 지니고 있는 것으로는 오니, 오바케(お化け), 뎅구(天狗), 갓파(河童) 등이 있다. 일본의 민속학자인 야나기다 구니오(柳田國男)는 신(神)이 영락하여 요괴가 되었다고 했다. 하지만 다른 민속학자인 고마쓰 가즈히코(小松和彦)는 신의 시대에는 신과 요괴 사이에 구분이 없었다고 했다. 신과 요괴는 별개의 존재라고 본 것이다. 인간이 도구와 언어를 사용하게 되면서 비로소 구분이 생겼다고 한다. 즉, 인간에게 자비를 베풀고 인간을 수호해주는 신과 재앙을 가져오는 요괴[魔]로 말이다.

일본에서는 원래 신(神)과 귀(鬼)를 구분하지 않았다. 그런데 귀

일본 「오니 이야기」 삽화에 나오는 오니.

를 요괴인 오니로 부르게 된 이유에 대해서는 아직까지 정설이 없다. 원래 귀와 신은 동일한 것으로 생각되었으나, 차츰 분화되어 일본식 발음으로 귀는 오니로, 신은 가미(かみ)로 부르게 되었다고 한다. 『일본서기』에는 비정상적인 사람을 일컬을 때 오니라고 했으며, 그 이후에는 오니가 악령의 의미로 많이 쓰이게 되었다.

처음에는 신과 별반 다르지 않게 사용된 귀가 나중에 요괴인 오니로 불리게 되었기 때문에 일본의 귀는 요괴를 통칭하는 것으로 보아야 한다. 즉, 일본의 귀는 요괴로 이해하면 되는 것이다. 오니는 산에 사는 요괴였는데, 점차 다양한 요괴들을 수용하여 포괄적인 의미로 쓰이게 되었다. 그러나 오니가 정착된 것은 헤이안 (平安)시대 말기부터다. 이전에는 주로 모노(もの)라고 했고, 다음에는 시코(しこ)라고 했다.

일본「모모타로」삽화에 나오는 오니의 모습들.

일본의 오니는 보통 뿔이 하나, 또는 두 개 나 있다. 어금니는 앞으로 튀어나와 있고, 키는 사람의 두 배나 되는 거구다. 온몸에 털이 많이 나 있고, 원시인처럼 도롱이로 만든 옷을 입고 있다. 때로는 손에 망치나 도끼를 들기도 하는데, 현재는 철퇴로 통일되었다. 이러한 오니의 모습은 에도(江戸)시대에 들어와서야 정착되었고 몸의 색깔도 빨강이나 파랑 등으로 그려진다.

뎅구는 산의 요괴이며 갓파는 물의 요괴다. 뎅구는 산속에서 나타나는 일본의 대표적인 요괴 중 하나로서 코가 높고 얼굴이 붉으며 부채를 하나 갖고 있다. 뎅구의 특징은 하늘을 날 수 있다는 점인데 이것 때문에 유성(流星)의 의미로 해석되기도 한다. 또한 뎅구의 비행술의 모태가 되는 것은 신선사상(神仙思想)이다. 그 때문에 뎅구는 수험도(修驗道)라는 도교적 수련과 깊은 연관이 있는 것으로 보고 있다.

갓파는 하천의 수중에서 산다고 믿어지는 요괴다. 수신계(水神系), 소동계(少童系), 동물계(動物系)로 나누어진다. 또한 부르는 명칭도 전국적으로 다르다. 갓파는 원숭이 얼굴에 거북이 몸, 또는 새 머리에 짐승의 몸을 하고 있다고 한다. 씨름을 좋아해서 사람에게 도전하기도 하며, 사람의 고자옥(尻子玉 : 사람의 항문에 있다고 믿어지는 상상의 구슬)이나 간을 좋아한다고 하여 사람을 물속으로 유인하여 뺏는다고 한다. 특히 고자옥을 빼앗긴 사람은 멍청이가 되어버린다고 한다.

이시카와 준이치로(石川純一郎)가 쓴 『갓파의 세계(河童の世界)』(1985)란 책을 보면 갓파는 수계(水系 : 용궁)와 관련이 있다고 보고 있는데, 잘 대접하면 재보(財寶)를 얻지만 동시에 사람들에게는 두려운 존재이기도 하다.

뎅구는 도깨비불과 유사한 면을 지니고 있으며, 갓파는 부를 가져다주거나 씨름을 좋아한다는 점에서 '도깨비 만나 부자 되기'나 '도깨비와 씨름하기' 이야기에 나타난 도깨비의 성격과 비슷한 면이 있다. 하지만 이러한 비슷한 면을 두고 이들 요괴가 도깨비와 동일한 존재라거나 이들 요괴가 도깨비에서 비롯되었다고 보기는 어렵다.

오키나와의 기지무나(キジムナ)는 도깨비와 유사한 속성을 지니고 있는데, 야나기다 구니오는 『민속학사전』에서 다음과 같이 설명하고 있다.

에도시대 말기의 우키요에 화가인 우타가와 구니요시(歌川国芳)가 그린 「뎅구와 코끼리」.

① 이 '기지무나'라는 말 자체가 나무의 정령이라는 어원을 가진 오키나와의 사투리다. 그 요괴 관념의 근원에서부터 우리와 유사하다.

② 더벅머리의 동자형(童子形)이다.

③ 고목에서 산다.

④ 어운(漁運)을 주며, 바다 위를 걸어 다니는 능력이 있고, 친해지면 고기를 몰아다주어서 부자가 되게 하지만, 사이가 나빠지면 도로 가난뱅이가 되게 한다.

⑤ 밤중에 잠든 사람을 타고 앉는 장난을 좋아한다.

⑥ 부르면 달려와서 밤길에 불을 밝혀준다.

⑦ '부나가야'라고 하는 기지무나를 닮은 요괴들은 씨름을 좋아하고 밤에는 사람에게 잘 다가온다.

_ 장주근,『한국의 향토신앙』에서 재인용

우리나라의 강은해는 기지무나가 고목의 정령이라는 점에 주목하여 도깨비의 정체를 밝히려고 했다. 그러나 이 기지무나의 성격이 도깨비와 일치한다고는 볼 수 없다. 위에 제시된 내용 가운데 도깨비가 기지무나와 비슷한 것은 ④, ⑤, ⑦ 항목 정도다. 특히 바다에 사는 도깨비는 갯벌을 주 근거지로 삼고 있다는 점에서 기지무나와 다르다. 기지무나와 도깨비의 어원도 다르다. 이것은 이 둘이 근본적으로 다른 존재라는 것을 보여준다.

또한 기지무나는 어로 행위와 관련하여 자기 존재를 보여주는 데 반해, 도깨비는 한반도 전역에서 나타날 뿐만 아니라 부를 가

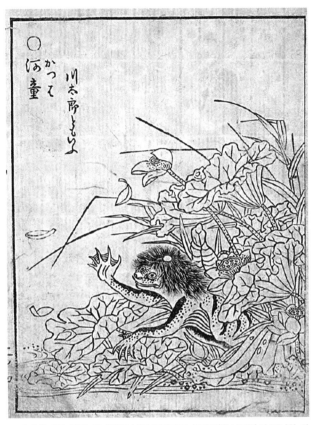

18세기 화가로, 많은 요괴화를 남긴 도리야마 세키엔(鳥山石燕)이 묘사한 갓
파의 모습.

져다주는 생산 능력도 농촌이나 어촌 등의 출현 공간에 구애받지 않고 똑같이 가지고 있다. 특히 어촌에서는 근해에 덤장이나 살 등의 고정망을 설치하는 어민들에게 신앙의 대상으로 자리 잡았다는 점에서 민담적 속성이 강한 기지무나와는 판이한 차이를 보인다.

특히 기지무나는 모습이 동자형이다. 그래서 기지무나가 갓파의 변이형일 가능성이 있다. 또한 이들이 모두 수신계라는 점도 그런 추측의 근거가 된다.

도깨비와 부분적으로 유사한 성격을 갖고 있다는 이유만으로 일본의 요괴들이 도깨비와 근원이 같다거나 또는 도깨비와 관련이 있다는 생각을 하는 것은 위험하다. 유사한 속성만으로 양자의 관련을 유추해내거나, 같은 존재로 평가하는 것은 논리적 비약일 위험이 있다.

결론적으로 말하면, 오키나와의 기지무나는 사람에게 고기를 몰아주고 부자가 되게 한다거나, 밤중에 사람에게 장난치기를 좋아한다거나, 씨름을 좋아한다는 점에서 도깨비와 유사한 성격을 지녔지만, 모양새가 동자(童子)를 닮았다거나 밤에 부르면 달려와 불을 밝혀준다거나, 고목에서 산다거나 하는 속성은 우리나라의 도깨비에서는 전혀 찾아볼 수 없다. 특히 기지무나라는 말이 정령이라는 어원을 가졌다는 점에서 도깨비와 어원부터 다르다.

일본에서 우리의 도깨비불과 유사한 속성을 보이는 요괴들을 전국적으로 조사한 적이 있다. 야나기다 구니오의 『요괴명휘(妖怪名彙)』에 따르면 '가이카(怪火)'나 '오니비(鬼火)'로 불리는 요괴들이 많이 존재하고 있다고 한다.

- 시노무시(シノムシ) : 보슬비가 내리는 밤에 나타나는 불을 말한다.
- 기쓰네노타이마쓰(キツネノタイマツ) : 여우불인데 어떤 마을에서는 좋은 일이 있는 전조로 나타나는 경우도 있다.
- 덴비(テンビ) : 천화(天火), 일반적으로 알려져 있는 괴화(鬼火)이다.
- 도비모노(トビモノ) : 번쩍이는 물건으로 중세에는 여러 가지 색의 괴화를 말한다. 현재도 이바라키 현(茨城縣)에는 도비모노가 있다.
- 와타리비샤크(ワタリビシャク) : 단파(短波)의 지정(地井) 산촌 등에 번쩍이는 물체가 3종 있는데 하얀 국자 형태로 날아다닌다.
- 도부비(トブビ) : 폭풍우 속에서 일어나는 괴광(怪光).
- 고쓰타이비(ゴツタイビ) : 귀화(鬼火).
- 다쿠라우비(タクラウビ) : 바다에 나타나는 귀화.
- 지얀지얀비(ジャンシャンビ) : 나라 현(奈良縣) 중부에 많으며 괴화 이야기가 전해진다.
- 바우쯔비(バウズビ) : 가가 현(加賀縣)에는 불덩어리(火の玉)가 날아다닌다.

이런 요괴 중에서 기쓰네노타이마쓰(狐炬火)는 도깨비불이 풍어

19세기 일본화가인 가와나베 교사이가 그린 일본 요괴들의 모습.

를 암시한다는 점에서 우리 도깨비와 유사한 속성을 갖고 있다. 도깨비불이 나타날 때의 모습과 비슷한 형태를 띠고 있지만 귀이한 존재라는 개념상의 뜻 외에는 다른 의미를 지니고 있지 못하다. 그렇기 때문에 서로 다른 존재다. 이에 대해서는 아직까지 충분한 논의가 이루어지지 못했다.

그밖에 일본의 요괴와 관련한 습속 가운데 섣달그믐에 거행되는 후유마쓰리(冬祭り), 정월 초에 거행되는 오니비타키(鬼火炊き), 하나마쓰리(花祭り)는 주목할 만하다. 이들 습속은 귀신이 마을에 질병 등 나쁜 일을 옮겨준다는 속신에 따라 귀를 잘 대접해 보내거나 태워버리는 주술적인 의례다. 이때 방문하는 귀를 도시노가미라고도 부른다. 이러한 귀의 추방 의례는 진도의 도깨비굿이나 제

주도 영감놀이 등과 유사한 의례적 속성을 보여준다.

중국의 귀는 어떤 것일까

　중국의 귀(鬼)는 고문자의 합성어인데, 20세기 초반에 활동한 일본인 학자인 이케다 스에토시(池田末利)는 상고시대에는 죽은 사람의 귀두(鬼頭)를 쓰거나 또는 죽은 사람을 흉내 냄으로써 죽은 이가 돌아왔음을 상징하였다고 했다. 따라서 귀는 귀신숭배의 원초적 형태로서 사자숭배(死者崇拜)를 기원으로 한다고 했다. 이런 해석은 고대 사회에서는 죽은 이에 대한 의례가 부족 집단의 행사였기에 일리가 있다. 또한 그는 가족제도가 확립된 후부터 조상숭배의 관념이 발생했다고 했다.

　중국의 귀는 역할이나 특징, 성정(性情) 등에 따라 유형이 다양하다. 중국의 귀 중에서도 우리 도깨비를 중국의 귀와 관련지은 학자가 앞에서도 언급한 일본의 요다 지호코다. 그는 독각귀에 주목했는데, 독각귀는 중국에서 산소(山魈)라고 불리기도 하는 귀신이다. 산소는 다리가 하나인 채로 산에 살고 있으며, 주로 중국의 강남 지방에 분포하는 귀의 일종이다.

　중국의 『귀신학사전(鬼神學詞典)』에는 산소에 대해 다음과 같이 쓰여 있다.

　　산의 요괴를 산정(山精), 산조(山臊), 산문(山文), 산고(山姑)라고도 한다.『남강기(南康記)』는 "산속에 목객(木客)이 있는데, 생김새는 사람과 비슷하고 새 발톱을 하고 있다. 높은 나무 위에 집을 짓고 산다. 나무를 베면 반드시 사람에게 해를 입혔다. 산소(山魈)라고도 한다."『해록잡사(海錄雜事)』는 "영남에 한쪽 발꿈치가 거꾸로 되었으며, 손가락과 발가락이 모두 세 개씩이다. 수컷은 산문이라고 하고 암컷은 산고라고 한다. 밤에 사람들이 사는 집의 문을 두드려 먹을 것을 얻는다.",『이원(異苑)』은 "손호(孫晧) 때 임해에서 모인을 발견했다.",『산해경(山海經)』에 "산정은 사람과 비슷하고 얼굴에 털이 있다",『포박자(抱朴子)』는 "산정은 어린아이 같고 다리는 하나이며 뒤로 걷는다. 사람을 범하기를 좋아한다. 기(蚑)라고 부르면 알고 답하며 바로 가버린다.",『사기집해(史記集解)』는 "월인(越人)은 산과(山繰)라고 한다. 또는 외다리 망량이라고도 한다. 산정은 사람 소리를 흉내 내어 사람을 유인하기도 한다.",『형초세시기(荊楚歲時記)』는 "정월 1일은 삼원일(三元日)이다. 닭이 울면 일어나 먼저 앞마당에서 폭죽을 터트려 산조와 악귀를 피할 수 있다."고 했다.

요다는 독각귀가 산에 살고 있다는 점, 역신과 농경신의 기능을 갖고 있으며 외다리라는 특징을 근거로 중국의 수목정령 숭배 사상을 한국의 산신 신앙과 결부시켜 추론을 확대시키고 있다.

그러나 도깨비는 독각귀의 속성들만으로 설명될 수 없다. 도깨비와 독각귀의 유사한 점은 '도깨비와 씨름하기'에서 부분적으로 찾아볼 수 있을 뿐이다. '도깨비 만나 부자 되기'에서 볼 수 있듯이 우리 도깨비는 불구자가 거의 없을 뿐 아니라, 오히려 건장한 청년이나 머슴으로, 말하자면 성적 욕구까지도 충족시켜 줄 수 있는 존재로 묘사된다. 따라서 부분적으로 유사하다고 하여 도깨비의 형성에 독각귀가 일정한 영향을 주었다고 보는 것은 오해의 소지가 충분히 있다.

임동권 선생도 한자로 표기된 각종 귀신의 유형을 제시한 적이 있는데, 이것은 중국의 귀들이다. 이들 귀의 성격 자체도 도깨비와 적극적으로 대응시킬 수 있는 것이 없으며, 그것들이 도깨비와 어떤 면에서 유사성을 갖는지도 불확실한 상태다.

조선시대 문헌에 자주 등장하는 이매망량의 경우도 그렇게 이해될 수 있다. 이매도 귀의 한 종류다. 이매는 산속에서 이상한 기운으로 생겨나 사람을 해치는데, 특히 이(魑)는 산신으로 동물의 형상을 하고 있다고 한다. 망량도 귀의 한 종류인데, 사마천은『사기(史記)』에서 목석(木石)의 정령이라고 기록했다. 독각귀처럼 발이 하나인 귀에 속한다.『수신기(搜神記)』를 보면 옛날 전욱씨(顓頊氏)에게 아들이 셋 있었는데, 이들이 죽어서 역귀(疫鬼)로 변했다고 한다. 이들 중 하나가 약수에 머물렀는데 이를 망량이라고 하였다고 했다.

따라서 이매와 망량은 서로 다른 귀신의 일종인데, 이들을 도깨비의 한자어로 사용했다는 것은 이매와 망량, 그리고 도깨비 사이에 유사한 면이 있기 때문으로 풀이된다. 즉, 망량이 역귀적 성격을 띠고 있다는 점에서 도깨비와 유사하고, 도깨비의 한자어 표기

당나라 현종의 꿈에 나타나 잡귀를 물리쳐서 현종의 병을 낫게 했다는 퇴마
사 종규(鐘馗)가 다섯 마리 박쥐와 함께 있는 모습을 묘사한 그림. 명 시대의
작품이다.

로 독각귀가 사용되던 터라 발이 하나인 독각귀의 속성을 띤 망량을 차용한 것으로 봐야 한다.

그러나 이매의 경우는 완전히 다른 성격을 갖고 있음에도 불구하고 망량과 함께 왜 도깨비의 한자 표기로 사용했는지는 궁금하다. 아마도 도깨비가 산속에서 사람들을 홀린다는 것과 이매가 산속에 살고 있으면서 사람을 해친다는 점을 연결시켰던 것 같다. 하지만 동물의 형상을 하고 있다는 점에서 도깨비의 원형이라고 보기는 어렵다.

도깨비가 갖는 속성들을 광범위하게 검토하지 않고 부분적인 유사성에 초점을 맞춰서 유형이 동일하다거나 같은 계열의 존재로 보는 것은 무리한 작업이다.

송영규 선생도 「한불 구전동화의 비교연구」라는 박사학위 논문에서 프랑스의 페(Fee : 선녀)의 속성이 도깨비와 유사하다는 관점에서 비교한 적이 있다. 하지만 페가 선녀라는 점과 도깨비가 남자라는 사실을 보면 비교 자체가 무리다. 존재가 서로 일치한다는 것을 밝히는 의도보다는 유사한 속성들을 추출해내서 비교한다는 것 외에 달리 의미가 있겠는가?

같은 한자문화권이라는 바탕에서 문화적으로 서로 연관되는 특징을 찾아내려는 것은 긍정적인 면도 없지 않지만, 잘못될 경우에는 심각하게 왜곡될 수도 있다.

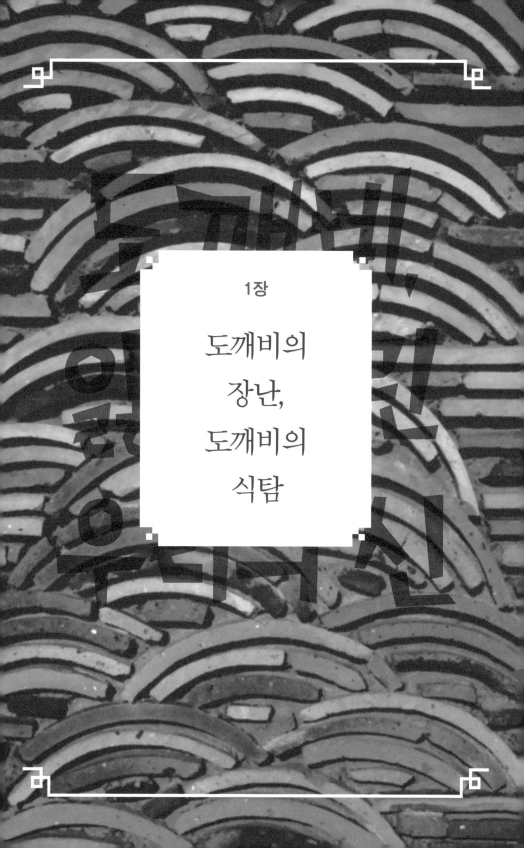

1장

도깨비의
장난,
도깨비의
식탐

도깨비의 집은
산꼭대기가 아니다

 귀신도 사는 곳이 있다는데 도깨비는 어디에 살고 있을까? 사람에게 나타나 복을 가져다주고 밤이면 장난질을 하는 것을 보면 사람들이 사는 동네에서 멀리 떨어져 사는 것 같지는 않다. 보통 도깨비는 숲이 우거진 곳에서 산다고 한다. 하지만 실제로는 숲뿐 아니라 바다와 강과 같이 물이 있는 곳에서도 자주 나타난다. 숲속이나 외딴집 등에서 가장 많이 나타나며, 그 다음으로는 물가나 바다다. 그밖에 공동묘지에도 나타나고 집안에서도 나타난다.

 도깨비가 나타나는 공간을 크게 둘로 나누면 산과 바다라고 볼 수 있다. 산일 경우는 주로 마을의 배후지에서, 물일 경우는 마을의 앞에서 나타난다.

산에 사는 도깨비, 고개에 나타나다

도깨비가 나타나는 산은 무엇보다도 수풀이 우거진 곳이어야 한다. '덤불이 커야 도깨비가 난다', '도깨비도 수풀이 있어야 재주를 피운다', '숲이 깊어야 도깨비가 나온다' 등의 속담을 보아도 도깨비가 사는 곳은 덤불 등으로 우거져 있어 사람들이 왕래하기 힘든 곳이다.

덤불로 우거진 숲에 산다는 것은 도깨비가 음귀(陰鬼)적인 속성을 지니고 있다는 것과 사람들의 출입을 싫어한다는 것을 알 수 있게 해준다. 도깨비불이 해가 지고 어둑어둑할 때나 비가 부슬부슬 내릴 때 주로 나타나는 걸 보면 도깨비는 어둠침침한 것을 좋아하는 것이다.

그런데 도깨비 이야기를 보면 꼭 그렇지는 않다. 도깨비가 사람들과 친해지려고 노력하는 것을 쉽게 볼 수 있다. 도깨비의 도움으로 부자가 되었다는 이야기에서 도깨비는 여자와는 부부 관계를, 남자와는 친구 관계를 맺기도 한다. 하지만 대체로 도깨비는 사람들에게 이용만 당하고 쫓겨 가는 어리숙한 존재로 묘사된다. 그래서인지도 모른다. 도깨비가 사람들의 출입이 별로 없는 덤불 속에서 살고 있는 것이.

옛날 어느 산골에 도깨비고개가 있었다. 이 고개를 밤에 넘게 되면 어김없이 도깨비가 나타나 글 내기를 하는데 어찌나 도깨비가 글을 잘하는지 대답을 하는 사람이 없었을 뿐

더러 도깨비가 묻는 글귀의 뜻을 아는 사람 또한 없었다.
대구를 잘 짓지 못하면 도깨비는 반드시 해를 입혔다.

그래서 이곳을 지나는 장군이며 과객들은 해가 지려고 하
면 고개 아래 주막집에 모여 하룻밤을 지내고 다음 날 날이
밝아야 고개를 넘었다.

오늘도 해가 저물면서 몇 사람이 주막에 모여들어 도깨비
이야기를 하고 있었다. 그때 선비 한 사람이 들어왔다. 저
녁 요기를 한 선비가 괴나리봇짐을 지고 길을 떠나려 하자
주막집에 있던 사람들이 한사코 길을 막았다.

"공연스레 길을 떠났다가 도깨비를 만나면 객사를 면치 못
할 테니 바쁘더라도 하룻밤을 이곳에서 쉬고 가시게."

선비도 속으로 은근히 켕기지 않는 것은 아니었지만 노모
의 환후가 위중하여 한시도 지체할 수 없는 형편이라 사람
들의 만류를 뿌리치고 길을 떠났다.

"젠장, 내일 고갯마루에서 만나겠구먼."

"저 죽는 생각은 안 하고 어미 걱정을 하다니, 효자는 효자
로구먼."

제가끔 동정도 하고 빈정대기도 하는 사람들의 소리를 들
으며 선비는 고갯길을 오르는데 때아닌 가랑비까지 내렸
다. 선비는 잔뜩 겁을 먹고 고개를 오르다가도 병석에 누워
신음하는 어머니와 옆에서 걱정하고 있을 아내를 생각하면
무서운 생각은 간데없고 저절로 걸음이 빨라졌다. 고갯마
루에 가까이 갔을 때는 옆에서 뺨을 때려도 모를 만큼 어두

워졌고 비마저 세차게 퍼붓고 있었다.

"너 잘 만났다."

선비가 놀라 앞을 보니 허드레 장승같은 구척 장신의 도깨비가 버티고 서 있지 않은가?

"이놈 무엄하구나, 냉큼 길을 비켜라."

선비는 짐짓 힘을 주어 소리를 질렀다.

"내 이곳에서 삼백 년을 기다렸는데 조선 천지에 글 하나 제대로 한다는 놈을 못 만났다."

"나는 노모의 환후가 위중해 약을 구해 가는 몸이니 어서 길을 비켜라."

"네가 내 시구에 대구를 하기 전에는 여기서 한 발짝도 못 갈 줄 알아라."

선비는 이판사판인지라 마음을 굳게 먹고 말했다.

"어서 글을 지어라. 내 대답을 하마."

"좋다. 네가 대구를 지으면 내가 네 어미의 병을 고쳐주겠다. 그 대신에 네 대구가 틀리면 너는 이 자리에서 죽어야 한다."

"귀매망량 사대귀(鬼魅魍魎 四大鬼 : 귀대망량은 네 개의 귀 자가 있고)"

도깨비는 의기양양했다.

선비는 잠시 생각을 가다듬은 끝에 대답했다.

"비파금슬 팔대왕(琵琶琴瑟 八大王 : 비파금슬은 여덟 개의 왕 자가 있다)"

그러자 도깨비는 넙죽 엎드려 세 번 절을 하고 나더니, "내일찍이 삼백 년을 이곳에 머물러 대구를 구했으나 뜻을 이루지 못했는데 오늘 선생님을 몰라 뵈옵고 무례를 범하였으니 용서해주십시오." 하면서 허리춤에서 약을 꺼내 선비에게 주었다.

"이 약을 어머님께 드리면 곧 쾌차하실 겁니다."

선비가 약을 받아들자 도깨비는 사라지고 하늘에는 별이 초롱초롱 떴다. 그 후 선비의 어머니는 도깨비가 준 약을 먹고 병을 고쳐 잘 살았다고 한다.

_ 「민담민요지」에서

여기서 도깨비는 고개에서 나타난다. 특히 도깨비는 글을 잘 아는 인물로 등장하여 자신보다 못한 사람을 만나면 해를 입혔다. 이야기에서 선비가 효자라는 점이 강조되는 걸 보면 도깨비는 유교적인 덕목인 효를 잘 이해하고 있고 효자를 도와주는 존재로 보인다. 이러한 유형의 이야기에서 대개 도깨비는 씨름을 하자고 덤비는데 여기서 도깨비는 특이하게 글싸움을 한다. 도깨비가 일종의 심판자로 나오는 것이다.

고개는 산의 연장선상에서 이해하면 될 것이다. 우리 민족에게 산은 외경스러운 곳이다. 맹수들이 사는 곳이기도 하지만 산신 등 신이 살고 있는 곳이기도 하다. 신성(神性) 공간이라고 할 수 있는 산꼭대기는 아니지만, 도깨비는 사람들의 왕래가 잦은 고개에서 살고 있다. 왜 산꼭대기에서 살지 않는 걸까? 여기서 우리는 도깨비가 상위에 속하는 신이 아니라 영락한 신, 즉 하위에 속하는 신으로 여겨졌음을 알 수 있다.

또한 이것은 도깨비가 신적 대상에서 점차 멀어지고 있다는 의미로 보아야 한다. 먼 옛날에는 도깨비가 신으로 좌정하여 공경의 대상이었을지 모르지만, 새롭게 형성된 신들, 즉 불교 계통의 신들이나 도교 계통의 신들이 중심에 자리 잡게 되면서 도깨비는 하위 신으로 쫓겨났을 가능성이 높다. 도깨비의 신격적 속성이 점점 약해지면서 결국 산꼭대기에서 멀어지게 된 것이다.

얕은 바다에 사는 도깨비, 뿅뿅뿅 소리를 낸다?

바다에도 도깨비가 나타난다. 도깨비는 사람들에게 많은 도움을 주고 있으며 어업에 종사하는 사람들은 대개 도깨비를 신으로 모신다. 특히 전라남도 무안에는 갯벌에 도깨비가 살고 있다는 이야기가 많이 전해온다. 썰물 때 물이 빠지면서 나는 뿅뿅뿅 하는 소리를 두고 도깨비가 걸어가면서 내는 소리라고 한다. 도깨비가 사는 곳이 물 깊은 바다라기보다 갯벌이 있는 얕은 바다에서 살고 있다고 여긴 것이다.

바다에 살고 있는 도깨비는 어부들에게 고기가 많은 곳을 알려주거나, 음식을 주는 사람에게 고기를 몰아다주어 부자가 되게 한다. 하지만 도깨비에게 잘못하거나, 음식 대접을 소홀히 하면 순식간에 망하기도 한다. 이런 이야기는 전라도 서해안 지방에서 집

1954년에 출간된 『요괴기담 도깨비 소동』
표지.

중적으로 전해지며 제주도에서도 찾아볼 수 있다. 전라남도 무안
군 해제 지방에서 채록된 이야기를 보자.

옛날에 물암 앞바다와 연결되는 고랑이 갯벌에 연결되어
있었다. 이 고랑은 물이 들 때 그물을 쳐두었다가 물이 빠
지면 고랑 속에 빠진 고기를 그물로 건져내기도 했던 곳이
다. 보통 이 고랑을 개막이라고 불렀다.
한 어부가 거기서 어장을 하고 있었다. 그 사람은 배를 타
고 다니면서 고기를 많이 잡았는데, 물이 빠지면 고기를 통
으로 건져냈다. 제법 고기가 많이 잡혔다. 그런데 하루는
그 많던 고기가 하나도 잡히질 않았다. 이상하게 여긴 어부

는 다시 그물을 치고 배에 앉아서 혹시 누가 훔쳐간 것이
아닌가 하고 지키고 있었다. 그런데 뻘 저만치서 뿡뿡, 하
는 소리가 나고 형체가 불분명한 불빛이 나타났다. 그는
'이제야 잡았구나!' 하고 소리를 버럭 지르며 쫓아갔다. 그
러자 도망가는 것도 없이 불빛이 사라져버리는 것이었다.
문득 이상한 생각이 들었다. '혹시……? 그래 맞아. 도깨비
가 틀림없어!' 그러고는 집으로 달려갔다.

어부는 집에 돌아오자마자 부인에게 맷돌에 메밀을 갈아
죽을 쑤게 했다. 다음 날 배를 타고 나온 어부는 준비해 온
메밀죽을 갯벌에 뿌렸다. 고기를 많이 잡게 해달라고 빌면
서. 그런 뒤에 다시 생메밀을 뿌렸다.

그 후부터 고기가 다시 잘 잡혔고, 서무샛날(12일, 27일)이나
열무샛날(4일, 19일)쯤 보름에 한 번꼴로 고사를 지내 풍어를
빌었다.

_ 「내 고향 해제고을」에서

이것은 도깨비고사를 지내게 된 유래담이다. 도깨비가 도깨비불
로 나타났다는 것은 도깨비가 범상치 않은 존재임을 보여주며, 또
한 도깨비가 갯벌에서 산다는 것을 알 수 있다.

도깨비는 육지에서는 마을 뒤쪽의 산과 마을 앞쪽의 개울 등에
서 주로 나타나고, 바다에서는 주로 마을 앞쪽의 갯벌에서 나타나
는데 이로 미루어 도깨비의 출현 공간과 사람들의 생업 공간이
밀접한 관계에 있음을 알 수 있다. 예컨대 농촌에서 산과 개울은

사람이 살아가는 데 매우 중요한 땔감이나 물을 공급한다. 갯벌은 어민들의 생업 터전이기 때문에 어민들의 생활과 떼려야 뗄 수 없는 공간이다. 그래서 갯벌에서 지내는 도깨비고사는 어민들의 절실한 기원이 담겨 있는 것이다. 도깨비는 명실공히 갯벌을 관장하는 신격으로 좌정하고 있는 것이다.

다음은 도깨비불이 뱃길을 이끌어주었다는 이야기다.

> 도깨비불은 많이 봤지. 도깨비불은 뱃길을 인도해주기도 하지. 그런데 얘기는 많이 들어봤지만, 도깨비를 한 번도 만나보지 못했지. 배를 타고 다니는 분들 이야기로는 도깨비불을 많이 봤다고 해. 섬에 사니까, 바다로 배를 타고 나가니까 그런 거지.
> 배를 타고 가는데 불 하나가 앞에 멈춰서더라는 거야. 그렇게 몇 미터나 갔을까? 그 불이 배와 함께 가다가 없어져버렸다고 해. 아주 어두운 밤이었는데 불이 배를 인도해준 거지. 배가 육지에 거의 도착할 즈음 없어진 거야.
>
> _『한국의 도깨비연구』에서

바다에서 헛배를 보면 재수 없다고 한다. 그러나 도깨비불은 다르다. 도깨비불은 풍어를 가져다준다고 믿기 때문이다.

공동묘지에 사는 도깨비불

도깨비가 잘 나타나는 곳이라면 우리는 공동묘지를 떠올린다. 도깨비는 왜 공동묘지에 나타나는 걸까? 보통 공동묘지에서 도깨비는 도깨비불로 나타난다. 그래서 공동묘지에 나타나는 도깨비불을 시체들의 뼈에서 나오는 인불이라고 설명하기도 한다.

도깨비불의 형체는 일반적으로 열을 내는 불과는 다르다. 노란 불꽃을 내는 불이 아니라 파르스름한 불꽃이다. 그것은 형광등에서 나오는 불빛과 유사한데 도깨비불을 본 사람들은 불의 형체를 다음과 같이 이야기한다.

· 불이 빛깔이 없어.
· 도깨비불은 찔찔찔찔 불을 흘리면서 가지.
· 불이 떨어져. 불이 떨어지면서 가.
· 뻘건 불도 아니고 파르스름한 불이, 어떨 때 보면 마치 비행기처럼 이리 갔다 저리 갔다 하지. 또 어떨 때 보면 또렷하게 불이 몇 개가 보일 때도 있고.

이런 설명을 들으면 도깨비불이 보통 우리가 보는 일반적인 불과는 다르다는 것을 알 수 있다. 특히 도깨비불이 마치 불을 흘리듯이 간다는 표현이나 비행물체처럼 이리저리 마구 날아다닌다는 것을 보면 이상한 물체임이 분명하다. 도깨비불을 과학적인 차원에서 설명한다는 것은 어려운 일이다. 비일상적인 불빛에 대해 우리 민족은 범상한 것이 아니라고 생각했다. 그런 불빛은 인간을 홀려서 해를 끼칠 수도 있고, 풍요로운 장소를 알려주는 상징물로 여겨지기도 했다. 그래서 육지에서는 도깨비불이 꺼진 장소나 도깨비가 노는 장소에 집을 짓고 살면 부자가 된다고 한다. 바다에서는 도깨비불이 꺼진 곳에 어장을 설치하면 고기를 많이 잡을 수 있다고 믿는다.

공동묘지에 나타나는 도깨비불은 그런 점에서 음택풍수와 밀접한 관련이 있는 것으로 보인다. 예컨대 도깨비가 묏자리를 잘 잡아주어서 부자가 되었다는 이야기가 많이 채록되는 이유도 이 때문이다.

이 이야기는 우리 고장 이야기가 아닙니다. 제가 옛날에 잠깐 목포 염업조합에 근무한 일이 있었습니다. 조합장이었던 분의 조부와 증조께서 대단히 마음씨 좋고 선량한 분이었다고 합니다. 특별한 어려움 없이 살았는데 가세가 기울어 곤궁해졌다고 해요. 그분이 언젠가 아침식사를 하고는 외출하려고 했답니다. 그때 부인이 오늘이 추석인데 아이들 점심 줄 것도 없다고 해 그분이 그냥 내뱉은 말이 이랬답니다.

"그래? 오늘 장에 가서 양식도 팔고 고기도 많이많이 사서 올 테니까 그리 알게."

그러고는 장에 갔다는 겁니다. 그런데 돈이 있어야지요. 남의 심부름을 해서 돈을 구했는지 아니면 친구한테 공술을 얻어먹었는지 밤이 되어 거나하게 술에 취해 집으로 혼자 돌아오고 있었답니다. 다행히 달은 밝아 길이 잘 보였답니다. 그렇게 집에 거의 도착했는데 이거 손에 아무것도 없으니 어떻게 집에 들어갈 수 있었겠습니까? 그래서 그냥 길 가운데 반듯이 드러누워 어떻게 해야 할지 생각했답니다. 그때 어디선가 사람 소리가 들리더랍니다. 그 소리가 점점 다가오고 해서 그냥 죽은 듯이 가만히 있었답니다. 사람들이 오더니 자기를 흔들어보고는 사람 죽었다고 하면서 자기네가 매장해주자고 그분을 메고는 뛰어가더라는 겁니다. 이 사람은 저들이 어떻게 하나 보려고 그냥 가만히 있었다고 합니다. 사람들이 바구리 섬으로 가자고 했답디다. 그런데 거기에 가서는 하는 말이 이곳은 지사가 날 땅인데 이런 상사람을 묻을 수야 있겠나 하면서 쌍개머리에 묻어주자고 했답니다. 그러면서 즈그 밥이나 묵고 살라고 하면서 말이지요.

그제야 이들이 사람이 아니란 걸 알았다고 합니다. 그래도 가만히 있었답니다. 얼마 지나지 않아 그놈들이 자기를 쌍개머리까지 데리고 갔더랍니다. 그 근방 바위 같은 것을 이리저리 치우고는 자기를 눕히고 그냥 매장하려고 했답니다. 그 땅이 임자가 없던 땅이었나 봐요. 놀란 그분은 갑자기 마구 악을 써댔다고 합니다. 어떤 놈들이 이러냐고 하면서 말이지요. 그러자 도깨비인지 귀신인지 하는 놈들이 온데간데없이 사라져버렸다는 겁니다. 그분은 자기가 누워 있던 곳을 나중에 부모님의 묏자리로 썼다고 합니다. 지금은 곽 씨들이 다들 잘 살고 있습니다. 그리고 그 산을 아직도 쌍개머리, 쌍개머리 하고 부르지요. 또 상당히 명당이라고 하는 말을 직접 들은 적이 있습니다. 도깨비가 명당을 알려준 셈이지요.

_「한국구비문학대계」에서

    실제로 있었던 일을 구연한 이 이야기를 보면 도깨비는 명당을 잘 알고 있는 존재다. 공동묘지에 출현하는 도깨비는 그런 점에서 음택에 통달한 지관으로서 능력을 지닌 셈이다. 이와 유사한 이야기들이 우리나라 전국에서 전승되고 있다. 도깨비가 명당자리를 잘 안다거나, 도깨비가 사는 터에 집을 지으면 부자가 된다는 것은 결국 우리 민족이 만들어낸 속신 중의 하나라고 할 수 있다.

도깨비는 술과 여자와
메밀묵을 탐한다

도깨비의 성격은 한마디로 말하기 어렵다. 왜냐하면 오랜 세월
이 지나면서 사람들이 도깨비에게 귀신의 이런저런 성격을 부여
했기 때문이다. 도깨비가 돌림병을 가져다주는 역신적 성격을 가
졌다고 여긴 것이 좋은 예다. 그렇다면 왜 도깨비 본래의 속성인
재물신격 외에도 이런 새로운 속성을 부여한 것일까? 그것은 우
리나라에는 이런저런 성격을 지닌 귀신들이 다양하지 않다는 것
과 무관하지 않다.

장난꾸러기 또는 심술쟁이

도깨비는 장난질이 심하며 심술도 부리고 변덕도 있다고 한다.

사람들에게 모래를 뿌리거나 돌멩이를 던져 장독을 깨기도 한다. 또한 솥뚜껑을 솥 안에 집어넣어 솥을 쓸모없게 만들기도 한다.

> 어떻게나 도깨비가 장난이 심하든지, 사람이 죽어 제청(祭廳)에 상복을 걸어놨는데 사람들이 뜸하면 상복이 글쎄 마루 위로 이리저리 막 걸어 다니지 뭐야. 그뿐인지 알아? 돌멩이가 물 바깥으로 푸렁 푸렁 푸렁 하며 막 날아 올라가구 그래. 경(經) 읽는 날이면 국수를 만들지. 밀가루를 반죽해서 칼로 쓸다가 자리를 비우면, 도마 위에 놔둔 칼이 문 사이로 들어갔다 나왔다 해. 부엌에서는 또 어떻구. 솥에 솥뚜껑을 닫아두었는데 이 솥뚜껑이 빙글빙글 돌면서 공중으로 올라갔다가 툭 떨어지면서 솥 안으로 쑥 들어가버리지.
>
> _「한국구비문학대계」에서

사람들은 이러한 도깨비의 장난을 잘 알고 있다. 2000년대 초 경기도 가평에서 도깨비가 돌멩이를 던지는 장난을 한다고 모 방송국에서 방송한 적도 있다. 1999년 겨울에 서울에서 방화 사건이 일어났을 때도 이를 도깨비불 때문이라고 신문에 기사가 나기도 했다. 이처럼 해명하기 어려운 일들이 벌어지면 도깨비의 장난으로 생각한다.

도깨비의 장난은 원래 도깨비가 사람들에게 자신을 알리는 방식이다. 사람들이 무심하게 지나치는 곳에 도깨비는 자기가 여기에 있다는 사실을 알리는 것이다. 전라북도 무주군 무주읍 대차리의 경우 마을에서 떨어진 집 주변에서 도깨비가 자주 나타나 사람들에게 심술을 부린다고 한다. 그래서 사람들은 개별적으로 정월 보름에 집안에서 도깨비를 위해 메밀떡으로 고사를 지낸다. 이렇게 해야만 도깨비가 장난을 치지 않는다고 믿기 때문이다.

도깨비가 물과 관련하여 장난을 친 사건도 이야기로 전승되고 있다. 대개 저수지나 방죽 등에 살고 있는 물고기들을 모두 산의 골짜기에 묻어버려 사람을 놀라게 하는 것이다.

> 당골 방죽 있잖냐? 내가 어렸을 때, 날이 가물어 물을 뺐어. 그런데 물을 다 뺐는데도 고기를 한 마리도 찾아볼 수 없었다는 거야. 보통 때는 많았는데 말이지. 그렇게 물을 다 빼고 보름이나 지났나? 그곳을 지나다 보니까 냄새가 지독하게 났데. 글쎄 골짜기 흙 속에 고기들이 묻혀 있었다는 거야. 그래서 그곳을 도깨비방죽이라고 하지.
>
> _ 김평원, 「도깨비설화연구」에서

도깨비는 물고기를 왜 하필 골짜기에 묻었을까? 사람들은 도깨비가 살고 있는 방죽을 도깨비방죽이라고 한다. 방죽은 도깨비의 생활공간이나 마찬가지인데 그곳에 있는 물을 빼는 것은 도깨비가 사는 곳을 망가뜨리는 것과 같다. 도깨비는 처음부터 사람에게 피해를 주는 장난을 하거나 심술을 부리는 행동을 하지 않는다. 자신에게 피해를 줄 경우 이런 장난을 하여 자신의 영역이나 공간을 사람들에게 알려주는 것이다. 그래서 도깨비는 방죽 안에 살고 있던 고기를 다른 곳에 묻어버렸고, 그렇게 사람들에게 자신의 존재를 알렸던 것이다.

이러한 도깨비의 행동은 앙심을 품고 대하는 적극적인 태도라 기보다 자신을 어떻게 하면 알릴 수 있을까 하는 고뇌에 찬 행동 이라고 할 수 있다.

도깨비는 씨름을 좋아한다

밤중에 고개를 넘다가 도깨비를 만나 씨름을 했다는 이야기도 우리나라 곳곳에서 심심찮게 들을 수 있다. 이처럼 씨름을 좋아한 다는 것은 도깨비가 우리 민족의 보편적인 심성이 그대로 반영된 존재라는 것을 알 수 있게 한다.

우리 친구 아버지가 도깨비한테 세 번인가 네 번인가 홀린 적이 있다고 했어. 한 번은 제사를 지내기 위해 큰집에 갔 다가 저녁 어둑어둑할 때 읍으로 들어왔는데 갑자기 누군 가 앞을 가로막더니 이러더래.

"씨름하자!"

친구 아버지는 당황스럽고 겁도 났지만 달리 어쩔 방도가 없더래.

"그래, 좋다. 씨름하지."

친구 아버지는 두루마기를 벗어놓고 씨름을 했는데 이겼다는 거야. 그런데 그 낯선 사람이 또 씨름을 하자고 들더라는 거지. 그래서 친구 아버지는 호주머니칼을 빼서는 그 사람을 콕 찌르고는 냅다 도망왔다고 해. 우리 어렸을 때 노인네들은 그런 칼을 차고 다녔지. 다음 날 아침에 날이 밝을 즈음 씨름하던 곳에 가서 보니 빗자루에 칼이 꽂혀 있더라는 거야. 빗자루 몽둥이에 말이지.

_ 「한국구비문학대계」에서

도깨비를 만나 씨름하는 곳은 대개 고개를 넘어오는 곳이다. 시간대는 밤중이며, 특이하게도 경험자들은 술을 먹거나 고기를 들고 오는 경우가 많다. 재미있는 것은 고개를 지나는 사람에게 도깨비가 다른 것도 아니고 씨름을 하자고 덤비는 것이다. 도깨비는 씨름을 왜 좋아하는 것일까?

씨름은 고구려의 각저총(角抵塚)에 그려진 고분벽화에서도 찾아볼 수 있을 정도로 연원이 오래되었다. 각저총은 중국의 집안(集安)에 있는 고구려의 고분으로 약 5세기 무렵에 축조된 것으로 알려져 있다.

씨름하는 두 무사의 왼편에는 우주목(宇宙木)이 그려져 있다. 우주목은 신이 인간 세계로 내려오는 하강로를 의미한다. 마을공동체 신앙에서 대개 당목(堂木)이 있는데, 이것은 신의 하강로이자 신이 거주하는 신성 공간을 뜻한다. 그렇다면 각저총의 씨름하는 공간은 신성 공간이고, 씨름은 신을 위한 제의 과정에 있는 신성 행위라고 할 수 있다.

고구려의 각저총 고분벽화 중에서 씨름하는 무사.

이러한 씨름은 고구려의 전통 민속놀이의 하나로 정착된 듯한데, 고려시대에는 중국에까지 알려져 고려희(高麗戲)라고 불리기도 하였다.

고려의 28대 왕이었던 충혜왕은 특히 씨름을 좋아하여 소동(小童)들과 씨름하기도 하고, 무사들이 씨름하는 것을 종종 지켜보았다고 한다. 조선시대에도 씨름은 일반인들 사이에 매우 유행하던 민속놀이였고 종종 힘자랑을 좋아하는 무인들이 씨름을 하여 사회적으로 문제가 되기도 하였다. 조선시대 후기의 세시풍속기인 홍석모의 『동국세시기(東國歲時記)』〈단오(端午)〉조에도 씨름에 대한 기록이 있다.

젊은이들이 남산의 왜장이나 북악산의 신무문 뒤에 모여 씨름[角力之戲]을 해서 승부를 겨룬다. 그 방법은 두 사람이 상대하며 오른손으로 상대방의 허리를 잡고 왼손으로 오른발을 잡아 일시에 일어나면서 상대를 번쩍 들어 팽개친다. 밑에 깔리는 자가 지게 되는데, 안걸이[內句], 밭걸이[外句], 둘러메치기[輪起] 등 여러 자세가 있다. 그중 힘이 세고 손이 민첩하여 자주 이기는 사람을 도결국(都結局)이라고 부른다. 중국인들은 씨름을 고려기(高麗技)라고 하며, 또 요교(撩跤)라고도 한다. 단옷날 씨름 경기는 매우 성하여 서울을 비롯한 거의 모든 지방에서 한다(丁壯年少者 會於南山之倭場 北山之神武門後 爲角力之戲 以賭勝負 其法兩人對跪 各用右手挈對者之腰 又用左手 挈對者之右股 一時起立 互擧而抃之 倒臥者爲負 有內句外句輪起諸

勢 就中力大手快 屢賭屢捷者 謂之都結局 中國人校之 號爲高麗技 又曰撩

跤 端午日 此戲甚盛 京外多爲之).

조선 후기에는 씨름이 오늘날의 프로야구나 프로축구만큼 엄청난 인기를 누렸던 것이다. 도깨비가 유독 단옷날에 씨름하기를 좋아하는 이유도 여기 있을 것이다. 여기서 우리는 두 가지 관점에서 도깨비를 이해해야 한다.

첫째, 도깨비는 우리 민족이 만들어낸 존재이기 때문에 우리와 사고방식이 같거나 우리가 즐기는 놀이를 하게 되었다는 것이다. 씨름은 일상적으로 아무 때나 누구나 즐길 수 있는 보편적인 놀이다. 씨름은 민중들뿐 아니라 사대부층까지도 즐겨 광범위하게 퍼져 있던 민속놀이였다.

둘째, 남성들의 놀이인 씨름을 좋아했다는 점으로 미루어 도깨비가 남성임을 알 수 있다.

도깨비는 여자를 탐한다

도깨비는 호색성을 갖고 있다. 여자를 매우 좋아한다는 것이다. 제주도에서 전승되고 있는 영감놀이에서 심방이 구연하는 영감본풀이에서도 도깨비를 만고의 오입쟁이로 표현하고 있으며, 여자를 너무 좋아해서 병에 걸리도록 만든다고 한다. 현용준 교수가 쓴 「영감본풀이와 영감놀이」에서도 도깨비의 특징 가운데 하나로 호색성을 들고 있다.

> 본풀이를 보면 성판악(城板岳)에 물 맞으러 간 여인에게 "같
> 이 살자. 마음씨 좋다." 하며 따라붙어 병을 주는데, '오소
> 리잡놈' 또는 '오입쟁이'라고 표현하고 있다. '오소리잡놈'
> 이니 '오입쟁이'라고 이 신(神)을 일컫는 것은 그 호색성을
> 말해주는 것이다.
>
> _ 현용준, 「영감본풀이와 영감놀이」에서

도깨비가 오입쟁이라는 것을 알 수 있는 것은 영감본풀이뿐만
아니라 '도깨비 만나 부자 되기'에서도 찾아볼 수 있다. 이 이야기
를 보면 도깨비가 주로 찾아가는 여인은 과부다. 과부는 성적으로
결핍되어 있기 때문에 도깨비의 등장은 성적 완성을 의미하기도
한다.

과부가 음이라면 도깨비는 남성으로 양을 뜻하기 때문에 음양
의 결합을 말한다. 이러한 음양의 충족 과정을 보면 도깨비의 양
이 너무 강해 음인 과부의 몸이 허약해진다. 과부의 몸이 허약해
진다는 것은 도깨비의 양기가 왕성하다는 것을 말한다.

우리가 일상적으로 처녀도깨비, 아기도깨비라고도 하는데, 사실
이런 표현은 불가능하다. 처녀도깨비는 '처녀(여)+도깨비(남)'가 합
쳐진 말이라고 할 수 있다. 그렇다면 이것은 남녀가 합쳐진 몸을
이르는 것인데, 한국 내에서는 신이나 사람에게서 남녀가 합쳐진
몸은 찾아볼 수 없다.

도깨비는 남성이며, 그러한 남성적인 속성을 가장 뚜렷하게 찾아볼 수 있는 것이 바로 호색성이다. 만약 도깨비가 남성을 좋아한다면 그것은 게이, 동성연애자를 말하는 것이다. 그러나 도깨비를 통해서 그런 면을 찾는 것은 쉽지 않다. 도깨비가 여자를 좋아하는 것도 사실은 남녀간의 결합을 통한 음양의 조화를 추구하는 자연적 섭리를 그대로 보여주는 것이다. 이것은 도깨비가 풍요를 가져다주는 존재로 여겨진 것과 무관하지 않다.

도깨비는 메밀, 술, 고기를 좋아한다

도깨비는 음식 중에서도 메밀과 술을 좋아하며 고기는 개고기와 돼지고기를 좋아하는 것으로 알려져 있다. 이 중에서 도깨비를 위한 고사 제물로 사용되는 음식이 메밀묵과 돼지머리, 그리고 술이라는 점에서 도깨비가 어떤 음식을 좋아하는지 알 수 있다.

도깨비와 씨름하는 이야기에서는 돼지고기가 싸움의 원인이 된다. 주인공이 장에 갔다가 돼지고기를 샀는데, 돼지고기를 달라고 하는 도깨비의 요구 때문에 집에 오는 도중 싸움을 벌이게 된다. 처음에 주인공은 돼지고기를 달라고 하는 도깨비의 부탁을 거절한다. 도깨비는 씨름을 해서 이기는 사람이 돼지고기를 차지하자고 제안을 하고, 이를 주인공이 받아들여서 씨름이 시작되는 것이다. 그러나 씨름을 해서 지는 쪽은 늘 도깨비이기 때문에 도깨비는 돼지고기를 얻지 못한다.

'도깨비 만나 부자 되기'에서는 사람이 개고기를 도깨비에게 제공하면서 친구 관계를 맺고 부자가 된다. 이야기인즉슨 어떤 사람이 장에 가는데 패랭이를 쓴 사람이 다리 밑에서 나오면서 개고기를 사달라고 부탁을 한다. 그 사람은 쾌히 승낙하고 개고기를 사다주며, 이후 그는 도깨비와 친구 관계를 맺고 부자가 된다는 것이다.

메밀은 도깨비고사에서 빠질 수 없는 중요한 제물이다. 도깨비와 관련한 뱃고사나 도깨비고사, 그리고 화재를 예방하기 위한 도깨비제 등에서 메밀은 제상에 꼭 오른다. 어촌 지방에서 행해지는 풍어를 기원하는 고사에서는 메밀로 묵이나 범벅을 만들어 올린다. 화재신으로 도깨비제를 지내는 전라북도 임실군 관촌면 구암리에서는 메밀로 팥시루를 만들어 올린다.

메밀은 한나라 때 작물로 널리 재배되었다고 하며, 신라시대 중·후기에 우리나라에 들어온 것으로 보인다. 메밀은 민중들의 일상적인 주식(主食)이라고 하기 어렵다. 구황식물로서 기근이나 흉년이 길어지면 많이 심는데, 척박한 땅에서도 잘 자라기 때문이다. 그래서 민중들이 기근에 허덕일 때 메밀을 심었던 것이다. 이처럼 궁핍한 때 민중들이 먹는 음식을 제물로 바친다는 것은 도깨비에 대한 신앙이 민중에 의해서 주도된 것임을 보여준다. 메밀이 제물로 정착된 시대를 보면 도깨비 신앙의 출발기는 대략 신라시대까지 올라갈 수 있다. 그리고 메밀을 올려 제사를 지내는 경우는 오직 우리나라뿐이다.

화재신으로 도깨비제를 지내는 전라북도 임실군 관촌면 구암리에서는 메밀로 팥시루를 만들
어 올린다.

3 도깨비가 사람을
좋아하는 이유

도깨비 이야기나 신앙을 보면 도깨비는 사람들의 세상으로 내려와 살고 싶어 한다. 왜 그럴까? 도깨비는 사람들에게 자신의 존재를 알리기도 하고, 사람들과 친구가 되거나 부부가 되어 사람들이 사는 세상으로 내려오기도 한다. 이와 반대로 사람들을 극도의 공포 속에서 떨게 하거나 죽게 만들기도 한다.

도깨비가 사람에게 접근하는 방식이 이처럼 극단적으로 다르게 나타나는 것은 도깨비의 성격이 시대의 흐름에 따라 바뀌었기 때문이다. 도깨비가 사람들이 사는 세상에 내려와 동화되어 살기를 원하는 것이 도깨비 본래의 속성이라면, 사람을 죽이거나 두렵게 만드는 것은 이후 귀신이 가진 속성이 도깨비에게 부가된 것이라 볼 수 있다.

인간 세상 속으로 들어와 살고 싶어 하는 도깨비

도깨비가 사람들과 살고 싶어 한다는 것은 크게 두 가지 점에서 찾아볼 수 있는데, 하나는 자신을 사람들에게 알리는 방식에서, 또 하나는 사람들과 관계를 맺는 방식에서다.

자신을 알리는 방식으로는 보통 모래를 뿌리거나 솥뚜껑을 솥 안에 집어넣는 등의 행동을 들 수 있다. 이것을 실제로 경험했다는 사람들도 있으며 그들 대부분이 도깨비가 심술을 부린다고 생각하는데, 사실은 도깨비가 자신을 알리는 방식으로 가장 효과적이라고 여겼기에 그와 같은 행동을 한 것이다.

또 하나는 사람들과 직접적인 관계를 맺는 것이다. 사람들과 같이 일하고 생활하면서 사는 것을 의미하는 것이 아니다. 도깨비는 야행성이기 때문에 주로 밤에만 자신과 관계를 맺는 사람에게 나타난다.

도깨비는 많은 사람들과 동시에 접촉하기보다는 한 개인과 접촉한다. 여성과는 주로 과부를 찾아가서 부부관계를 맺으며, 남성과는 친구관계를 맺는다. 도깨비와 관계를 맺은 사람들은 부자가 되는데, 도깨비가 사람을 찾아올 때마다 돈을 갖다 주기 때문이다. 벼락부자가 된 사람을 보고 '도깨비 만났다'라고 하는 이유도 이 때문이다. 재미있는 것은 도깨비가 가져다준 돈으로 땅을 사야 한다. 만약 땅을 사지 않고 그냥 보관하고 있으면 도깨비와 헤어지게 될 때 도깨비가 모두 나뭇잎이나 모래로 바꿔버린다고 사람들은 믿는다.

도깨비가 사람에게 돈을 가져다주는 것은 사람이 자신과 관계를 맺어준 데 대한 보상이라고 생각되기도 한다. 여자와는 육체관계를 맺고 이에 대한 보답으로 재물을 가져다준다. 남자와는 다른 식의 보상관계가 이루어진다. 즉, 남자가 도깨비에게 음식물을 제공해서 친구관계가 이루어진다. 그러나 항상 그렇지는 안다. 어떤 이야기를 보면 사람들이 도깨비를 직접 찾아가 부자로 만들어달라고 부탁했더니 도깨비가 부탁을 그냥 들어주었다는 식으로 전개되기도 한다.

　경우가 다양하다 하더라도 도깨비는 부신성(富神性), 즉 재물을 만들어낼 수 있는 능력을 지닌 존재다. 하지만 도깨비는 순진하다. 그래서 사람들은 도깨비를 이용해서 부자가 된 다음에는 도깨비를 떼어낼 궁리를 한다. 그 방법은 주로 이웃집에 사는 경험 많은 할머니가 얘기해준다. 인생의 경험이 많은 할머니는 이웃집 과부에게 찾아오는 밤손님이 바로 도깨비라는 것을 직감적으로 알아차린다. 특히 성적으로 결핍된 여자가 마르고 얼핏 봐도 병색을 느낄 정도면 할머니의 오랜 경륜상 그 대상이 도깨비밖에 없음을 아는 것이다.

　도깨비는 나름의 방식으로 사람들과 같이 살고자 하지만, 결국에는 사람에게서 쫓겨난다. 흥미로운 것은 도깨비를 쫓아낼 때 사용하는 것이 말머리와 말피라는 것이다. 기마민족은 보통 말을 신성한 동물로 생각한다. 그러나 그렇다고 말피가 잡귀를 쫓아낼 수 있다고 생각했던 것은 아니다. 오히려 피를 잡귀를 쫓는 정화물로 여긴 것이다.

도깨비는 쫓겨나게 되면 앙갚음을 하는데 그 앙갚음이라는 것이 고작 논에 자갈을 뿌려놓거나 동네방네 다니면서 여자를 욕하는 정도다. 사람들의 배신에 적극적으로 대응하는 것이 아니다. 도깨비의 본성이 그다지 악하지 않다는 것을 알 수 있다.

사람을 죽음으로 몰고 가는 도깨비

도깨비에게 홀린 적이 있다는 경험은 쉽게 찾아볼 수 있다. 그러면 도깨비에게 어떤 방식으로 홀리는지 살펴보자.

> 만리포 호텔 조금 못 가면 공동변소가 있어. 70년대에는 마을에 버스가 안 다녔지. 막차가 마을 입구까지 왔거든. 두 사람이 술을 먹고 오는데 한 사람이 둑 위로 올라가더라는 거야. 이상하게 생각한 또 한 사람이 따라 올라갔는데 공동변소가 나오더래. 그런데 먼저 올라간 사람이 한없이 올라가는 거라. 혼자 뭐라고 해가면서 말이지. 그래서 내려오라고 한참을 부르니까 그제사 내려오더라는 거야. 그러고는 그 사람이 하는 말이 요상하더라는 거지.
> "아니, 우리 둘이야?"
> "그럼 둘뿐이지."
> 그랬더니 그때부터 냅다 앞으로 달리기만 하더라는군. 땅이 울릴 정도로 말이지. 그래서 왜 그러냐고 물었더니 누구

랑 같이 올라갔다는 거야. 부르지 않았으면 산으로 갈 뻔했다구 하면서. 그 길은 순 가시밭길인데 그 길이 훤하게 뚫렸다는 거야. 같이 올라간 사람은 아주 키도 크고 멋쟁이였다고 해. 그 사람하고 두런두런 얘기까지 하고 갔다는 거지. 부르는 소리가 들려 다시 보니 글쎄 그게 길이 아니라 가시밭길이었다는 거야.

_ 충남 태안의 천리포에서 필자 채록

이 이야기는 도깨비에게 홀린 경험담이다. 밤중에 도깨비가 같이 가자고 끌고 간 길은 가시덤불인데도 홀린 사람의 눈에는 신작로처럼 길이 훤하게 뚫려 있는 것처럼 보인다. 일종의 착시 현상이라고도 할 수 있는데, 그렇게 된 이유는 경험자의 기(氣)가 약해져서 그렇다고 말하는 것이 일반적이다.

도깨비에게 홀리면 크게 두 가지 결과가 있다. 하나는 홀리는 상황에서 깨어나 일상생활로 되돌아오는 경우이고, 다른 하나는 홀린 채 그대로 죽음에 이르는 경우다. 바다에서 도깨비에게 홀리면 죽는 경우가 많다. 도깨비에게 홀리는 것은 도깨비와 만나서 일어나는 경우가 대부분이지만, 도깨비불에 홀리기도 한다.

어렸을 때 얘긴데, 그때는 봄이면 들에서 도깨비불이 반짝반짝했거든. 어른들이 길을 오다가 이리 갔다 저리 갔다 밤새 쏘다니다 들어오는 경우가 있지. 그럴 때는 도깨비한테 홀렸다고 해. 맨날 다니던 길도 잃어버리고는 헤매다가 날이 밝으면 들어오는 거지.

_ 『안양의 구비문학』에서

이 이야기는 도깨비에게 홀린 것인지 도깨비불에 홀린 것인지 분명하지 않다. 하지만 도깨비불의 움직임에 홀린 것으로 보아야 할 것이다. 이렇게 구체적으로 홀린 경험을 한 사람들이 있기 때문에 도깨비에게 홀리는 현상을 두고 불가사의한 현상이라고만 말하기는 어렵다.

신의 모습으로 사람 앞에 나타나는 도깨비

이러한 경험들이 있다고 해도 도깨비가 사람들과 어울려 살아가면서 신적인 속성, 즉 도깨비가 풍요를 가져다주는 존재라는 것을 상실한 것은 아니다. 도깨비는 선택된 사람에게만, 그리고 선택된 사람과 친분관계를 맺어야 부를 준다. 이런 관계는 신과 인간의 관계이기보다는 인간관계에서 얻어질 수 있는 것이다. 따라서 도깨비는 신적인 면보다 인간적인 면을 많이 가지고 있음을 알 수 있다. 즉, 신이기는 하지만 사람들과 어울려 살기를 더 좋아한다는 점에서 그렇다.

풍어나 풍년을 가져다주는 경우도 도깨비는 부신적 기능을 하는 신의 의미를 갖는다. 하지만 전라도 지방에서는 도깨비를 전염병, 예전의 표현을 빌리면 돌림병을 옮기는 역신으로 생각하고 있다. 전라남도 진도 지방에서 전승되던 도깨비굿이나 전라북도 순창의 탑리에서 전해졌던 도깨비제 등이 그렇다. 이 경우 도깨비는 나쁜 귀신이라는 이미지를 갖고 있다.

하지만 도깨비가 역신으로 등장하는 것은 도깨비 본래의 속성과는 다른 것이다. 조선시대에 들어와 귀신의 속성이 도깨비에게 부가되면서 그런 이미지를 갖게 되었다고 볼 수 있다. 현재 진도에서 전승되고 있는 도깨비굿의 과정을 보면 귀신제(鬼神祭)와 도깨비제의 성격이 혼재되어 있는데, 이 역시 귀신과 도깨비를 명확하게 구분하지 않았기 때문이라고 생각된다.

오히려 이야기 속에서는 도깨비의 부신적인 속성이 더 강조된다. 특히 신적인 모습보다는 인간적인 면을 지닌 존재로 묘사되는 것을 보면 잘 알 수 있다.

이외에 도깨비는 명당을 잘 알거나 크게 될 인물을 알아보는 신통한 능력을 지닌 존재로 나타나기도 한다. 하지만 이럴 경우에도 우리가 일반적으로 인식하고 있는 것처럼 존엄한 신보다는 인간적인 면을 지닌 존재로 나타난다는 점에서 도깨비가 인간에게 깊은 관심을 갖고 있음을 알 수 있다.

> 허적(許積)은 엄정면 괴동리에서 출생하여 소태면 오량동 청계산 청룡사(靑龍寺)로 공부를 하러 다녔다. 그때 동문수학하던 신(申) 씨 성을 가진 사람이 있었는데 후일 신 선비라고 일컬어지던 사람이다. 그는 소태면 야곡서 통학을 했으니까 허적은 40리 길을 다녔고 신 선비는 20리 길을 다

닌 것이다. 그런데도 허적은 매일 신 선비보다 빨리 글방에 나왔다. 하루는 신 선비가 허적을 보고 자기보다 훨씬 먼 곳에서 오면서도 어떻게 항상 자기보다 먼저 도착하는지, 그런데도 조금도 피로한 기색이 없는지 까닭을 물었다. 그러자 허적은 강달고개(논익골서 동막으로 넘어가는 고개)에 이르면 항상 꽃가마 한 채가 기다리고 있다가 나를 태우고 순식간에 묵봉산(墨峰山)을 넘어 청계골 앞에 내려다주고 가는데 누가 그러는지, 왜 그러는지 알 수 없다고 했다.

신 선비가 이상하고 의심스러워 내일은 자기가 그곳에 가서 꽃가마를 타고 글방에 가겠다고 해 허적은 그렇게 하라고 했다. 그리고 다음 날 새벽 신 선비는 날이 밝기도 전에 강달고개에 갔다. 과연 한 채의 꽃가마가 있었다. 신 선비가 의아스럽게 생각을 하며 그 옆으로 다가서자 난데없이 두 사나이가 나타나더니 신 선비 앞으로 가마문을 대고 타라고 했다. 발[垂簾]을 내리고 흡사 나는 것처럼 요동도 없이 빠르게 달리는 것이었다.

그러다가 얼마쯤 가다가 가마가 우뚝 멎더니 그 사나이들의 대화 소리가 들려왔다. 무게가 전보다 훨씬 가벼워졌는데 무슨 일인지 확인하고 가자고 했다. 발을 걷어올리고 들여다보더니 사람이 바뀌었다며 나오라고 했다. 그러고는 허적은 장차 이 나라의 영수가 될 인물이라서 천의(天意)에 따라 우리가 글방까지 모셔다 드리는 것인데 당신은 그렇지 못하니 내려야 된다는 것이었다. 신 선비는 겁이 나서 잠시 당황하다가 마음을 다잡고 말을 건넸다. 그럼 나는 장차 무엇이 되겠느냐고 묻자 그 사나이들은 신 선비의 얼굴을 살피더니 찰방(察訪, 오늘날 역장에 해당) 관직을 할 상이라며 더 이상 묻지 말라는 듯이 빈 가마를 가지고 어디론지 사라지고 말았다.

그 후 과연 허적은 영의정 벼슬까지 올랐지만 신 선비는 정말 찰방밖에 못했다고 한다.

_ 『충주중원지』에서

여기서 도깨비는 신의 모습이라기보다는 가마꾼 정도로 나타난다. 앞으로 큰 인물이 될 사람을 미리 알아보고 보좌하고 있는 것이다. 허적은 조선 중기의 문신으로 영의정에 여러 차례 오른 인물로 상평통보를 주조하여 사용하게 하였다. 이와 같이 유명한 인물이 될 사람은 어릴 때부터 도깨비도 알아본다는 것이다. 또한 그 사람을 도와 큰 인물이 되도록 만드는 데 도깨비가 주도적인 역할을 한다는 것이다.

그러나 이런 신통력이 있다 하더라도 여기서 표현된 도깨비는 근엄한 신적인 면모를 갖추고 있지 않다. 오히려 수호자의 모습이다. 따라서 신적인 능력을 발휘하여 인간을 능가하는 신비함보다는 사람과 어울려 살기를 원하는 속성이 강하게 나타난다고 볼 수 있다.

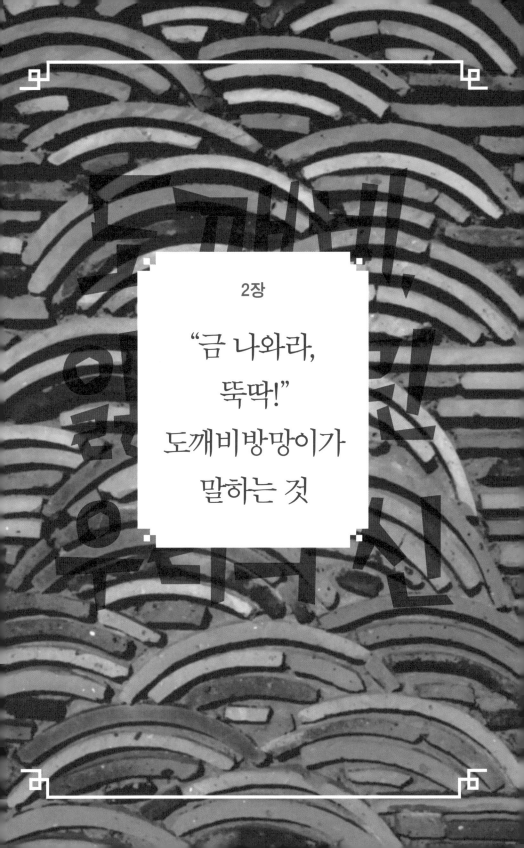

2장

"금 나와라,
뚝딱!"
도깨비방망이가
말하는 것

1 도깨비방망이 얻기,
그 의미와 교훈

도깨비방망이는 신통력 있는 요술봉으로 알려져 있다. '금방망이와 은방망이'라고도 하는 이 이야기는 도깨비 이야기 중에서 유일하게 글로 정착된 민담이다. 이와 유사한 이야기로는 '혹부리영감'이 있는데, 이 이야기는 일제 강점기 때 일본인들이 초등학교 교과서에 실으면서 널리 알려졌다. '혹부리영감'은 우리의 전래동화가 아니라 일본의 전래 민담인 '혹부리영감(こぶとりじい)'이다.

'혹부리영감'과 '도깨비방망이 얻기'는 주인공과 이야기의 주제가 다르다. 하지만 이야기 구조는 동일하다. 일제가 '혹부리영감' 이야기에 주목한 것은 한일병합의 당위성을 보여주고자 한 것이다. '혹부리영감' 이야기를 우리와 일본이 같은 뿌리를 갖고 있는 민족이라는 증거로 삼으려고 했기 때문이다. 과연 그런지 먼저 '도깨비방망이 얻기'를 보자.

효를 강조하는 도깨비방망이 얻기

어느 마을에 마음씨 착하고 효자로 알려진 나무꾼이 살고 있었다. 하루는 나무를 하러 산에 갔는데, 산 위에서 개암 열매가 굴러왔다. 나무꾼은 개암 열매를 주우면서 아버님에게 갖다드려야겠다고 생각했다.

그런데 개암 열매가 계속해서 굴러오는 것이 아닌가. 나무꾼은 기뻐하며 이것은 어머님에게, 저것은 아내에게 또 아이들에게 하면서 개암 열매를 주웠다. 개암 열매를 다 주운 나무꾼은 다시 나무를 하러 산을 계속 올라갔다. 그런데 갑자기 비가 내리기 시작하였다. 나무꾼은 쉴 곳을 찾아 헤매다가 저만치 떨어져 있는 허름한 초막 하나를 발견하고 그 안으로 뛰어들어갔다. 나무꾼은 벽에 기댄 채 비가 그치기를 기다리다가 피곤한지 깜박 잠이 들었다.

얼마간 시간이 지난 뒤였다. 무슨 소리에 나무꾼은 눈을 살포시 떴다. 어느 사이에 도깨비들이 몰려와 놀고 있었던 것이다. 놀란 나무꾼은 급히 몸을 숨겼다. 도깨비들은 방망이를 들고 있었는데 신기하게도 방망이를 두드릴 때마다 술과 음식이 넘쳐나는 것이 아닌가! 그것을 먹고 마시면서 도깨비들은 신나게 놀고 있었다.

그것을 지켜보던 나무꾼도 시장기가 돌기 시작했다. 낮에 주웠던 개암 열매가 생겨나 하나를 꺼내 조심스럽게 깨물었다. 순간 빠삭하고 열매 깨지는 소리가 났다. 나무꾼도

1909년 일본의 『심상조학독본(尋常小學讀本)』 권1에 실린 혹부리영감(위)이 1915년 『보통학교조선어 및 한문독본(普通學校朝鮮語及漢文讀本)』 권2에 조선인 복장을 하고 그대로 등장한다(아래). 김용의의 「한일 옛이야기 비교연구」에서 재인용.

그 소리에 놀라 자빠졌지만, 신나게 놀던 도깨비들도 집이 무너지는 줄 알고 혼비백산해서 정신없이 도망쳐버렸다. 정신을 차린 나무꾼은 도깨비들이 놓고 간 방망이를 얼른 하나 주워서는 부리나케 산을 내려왔다. 물론 엄청난 부자가 되었다.

나무꾼의 이웃에는 심술 많고 불효자인 또 다른 나무꾼이 살고 있었다. 그는 이웃집 나무꾼이 하루아침에 부자가 된 것이 궁금해서 찾아가 물었다. 착한 나무꾼은 순진하게 자신이 경험한 일을 모두 말해주었다.

얘기를 들은 그는 다음 날 아침 당장 개암 열매가 굴러왔다는 곳을 찾아갔다. 한데 신기하게도 개암 열매들이 똑같이 굴러오는 것이 아닌가. 신이 난 그는 하나씩 주우면서 이것도 내 것이고 저것도 내 것이라며 주머니가 가득할 때까지 주워 담았다. 그런 뒤에 도깨비가 나온다는 초막으로 갔다. 도깨비들이 나타나기만을 기다리던 그는 어느 사이 잠이 들었다.

그러다가 무슨 소리에 잠이 깼다. 도깨비들이 놀고 있었던 것이다. 들은 대로 방망이를 두드리니 맛있는 음식과 술이 넘쳐났다. 넋 나간 듯 쳐다보던 그는 얼른 개암 열매를 하나 꺼내 깨물며 도깨비들이 빨리 도망가기만 바랐다.

한데 이게 어떻게 된 노릇인가? 도깨비들은 도망가기는커녕 오히려 사람이 숨어 있을 거라며 모두들 여기저기 찾기 시작하는 것이었다. 옴짝달싹 못하게 된 그는 결국 발각되

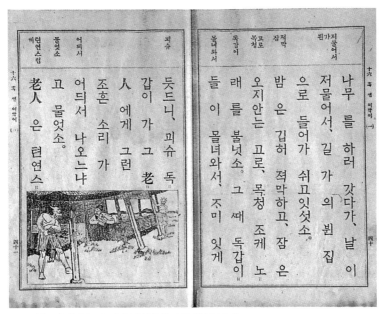

1923년 『조선어독본』 권2에 수록된 '혹뗀 이악이'의 도깨비.

었으며, 방망이를 잃어버려 화가 난 도깨비들에게 흠씬 두
들겨 맞고는 겨우 집으로 돌아왔다.

이 이야기에는 두 가지 교훈이 있다. 하나는 효로써 효자는 복
을 받지만 불효자는 벌을 받는다는 것이고, 또 하나는 권선징악으
로써 착한 사람은 복을 받지만 나쁜 사람은 벌을 받는다는 것이
다. 효의 강조는 우리 전래동화에서 볼 수 있는 가장 대표적인 특
징이다. 이것은 유교적인 윤리 이념을 강조했던 조선시대 위정자
들의 의도가 반영된 것이기도 하다.

조선시대는 나라에 충성하는 것을 대충(大忠), 부모에게 효도하

「혹뗀 이야기」 1933년의 교과서 삽화.

는 것을 소충(小忠)이라고 하여 충효 사상을 근본적인 실천 덕목으로 삼았던 때다. 그래서 우리나라 이야기들은 대부분 효를 강조하고 있을 뿐 아니라 주인공들 대부분이 젊은이들이다.

그러면 '혹부리영감'의 경우는 어떤가? 우리 이야기에서 강조되고 있는 효가 빠지고 권선징악만 강조된다. 이것은 일본 동화들이 갖는 일반적인 특징 가운데 하나다. 또한 주인공으로 대개 노인이 등장한다.

특히 일제 강점기 이전에는 찾아볼 수 없는 '혹부리영감' 이야기가 일제 때 초등학교 교과서에 수록되기까지 한 것을 보면 일제의 숨은 의도를 분명히 알 수 있으며, 이즈음 우리나라에 유입되었을 가능성이 높다. '혹부리영감'은 이렇게 해서 우리의 전래동화로 오해된 채 자리 잡게 된 것이다.

1941년 『초등국어독본』 권2에 수록된 혹부리영감(고부토리지이)의 오니.

성인을 대상으로 한 이야기의 변형

불효자인 사람이 당하는 벌의 형태는 '도깨비에게 두들겨 맞다', '도깨비에게 죽도록 얻어맞다', '맞아서 다리병신이 되다'와 같은 체벌 위주다. 그러나 체벌이 아니라 팔이나 다리가 열 발(한 발은 두 팔을 양 옆으로 펴서 벌렸을 때 한쪽 손 끝에서 다른 쪽 손 끝까지 길이) 늘어나는 벌을 받기도 한다. 늘어나는 부위가 팔이나 다리가 아니라 남자의 성기인 경우도 있다. 강원도 영월 등 내륙 지방에서 전승되는 이야기들에서 이런 특징이 나타난다.

(중략) 불효자가 도깨비한테 성기가 열 발이나 늘어나는

벌을 받았다. 기형으로 변한 몸을 이끌고 차마 집으로 돌아
갈 수 없어 방랑의 길을 떠났다. 한참 길을 가다가 광주리
를 이고 가는 한 아낙을 만나게 되었다. 배도 고픈 참에 아
낙에게 광주리에 담겨 있는 것이 무어냐고 물었다. 아낙은
사과라고 대답했다. 잘됐다 싶어 사과 한 개 얻어먹자고 구
걸을 했지만 아낙은 돈을 내야 줄 수 있다고 하였다.

하지만 돈이 한 푼도 없었기 때문에 아낙에게 며칠째 굶었
으니 사과를 한 개 얻어먹을 수 없느냐고 물었다. 아낙은
남자의 몸을 힐끗 보더니 배에 찬 전대에 돈이 있을 것 같
은데 왜 돈을 내지 않느냐고 하였다. 남자는 열 발이나 늘
어난 성기를 허리에 돌려찼던 것인데, 이것을 전대로 생각
한 것이다.

남자는 입이 떨어지지가 않아 사실을 말하지 못하다가 배
가 고픈 나머지 거짓말을 했다. 자신은 태어날 때 기형으로
태어나 성기가 엄청 길다고 아낙에게 말한 것이다. 아낙은
웃으면서 사과를 한 개 꺼내주었다. 두 사람은 길가에 앉아
서 서로의 사정을 말하기 시작하였다. 아낙도 태어날 때부
터 성기가 엄청 깊이 파여 지금까지 짝을 만날 수 없었다고
하였다. 두 남녀는 서로 천생배필을 만났다고 생각하고 마
침내 같이 살기로 마음을 먹었다.

그러나 두 사람은 신체적인 특징 때문에 마을로 들어가 살
지는 못하고 대신 마을에서 떨어진 산 아래에 집을 짓고 살
았다. 특별히 논과 밭이 없었기 때문에 사냥을 해서 먹고

살았다. 이들의 사냥 방법은 매우 특이했다. 먼저 남자가 산꼭대기로 올라가서 성기를 꺼내 휘둘러 짐승을 산 밑으로 쫓았다. 그러면 여자는 산 밑에서 다리를 벌리고 짐승들을 자신의 성기 안으로 몰아넣었다.

하루는 여자가 배가 아프다고 고통스럽게 말했다. 남자는 임신한 것이 아닌가 생각했지만, 여자는 그것이 아니라고 하였다. 그래서 남자는 여자의 성기 안으로 들어가 살펴보기로 마음먹었다. 한 2박 3일 정도를 걸어들어갔는데, 그 안에서 웬 영감님이 짚신을 삼고 있었다. 사냥을 할 때 함께 휩쓸려 들어왔던 것이다. 남자가 영감을 모시고 밖으로 나왔더니 여자의 배앓이가 나았다.

두 남녀에게도 자식이 생겨 아들을 하나 낳았다. 아들은 정상적인 신체를 가졌지만 여자를 구할 수 없었다. 그래서 먼 동네에 찾아가서 어렵게 며느리를 구해 혼례식을 치르게 되었다. 혼례식 날이 되었다. 마을 사람들이 오려면 개울을 건너와야 했다. 그런데 물이 불어 건널 수가 없게 되었다. 밤새도록 비가 내려 엄청나게 물이 불어났던 것이다.

사람들이 참석해서 잔치 분위기가 나야 하는데, 잘못하면 집안 식구끼리 잔치를 해야 할 판이었다. 둘은 이 일을 어떻게 해야 할지 노심초사 고민하다가 부인이 갑자기 무릎을 탁 치면서 좋은 생각이 났다고 하였다. 그 방법은 바로 남편의 성기로 다리를 놓는 것이었다.

마을 사람들은 갑자기 다리가 어떻게 생겨났을까 궁금했지

만 조심스럽게 건너왔다. 이때 한 할아버지가 물고 있던 담
뱃대를 다리에 톡톡 쳐서 재를 털어냈다. 남자가 너무 뜨거
워 성기를 끌어당겼다. 그러자 다리 위에 있던 사람들이 모
두 물속으로 빠져 버렸다. 놀란 여자는 자신의 다리를 벌려
빠진 사람을 모두 구해내고 무사히 잔치를 치렀다.

　이 이야기에는 어린이를 대상으로 하는 교훈적인 면보다는 흥
미 위주의 성기담이 강하게 드러난다. 효를 강조하는 '도깨비방망
이 얻기'가 한편으로 전래되어왔다면, 다른 한편으로는 여기에 내
용이 보태져 흥미 위주의 성기담으로 전래되어온 것이다.

　이것은 이야기판에 참여하는 사람들이 누구냐에 따라 영향을
받은 것 같다. 아이들을 대상으로 이야기를 해줄 때는 '도깨비방
망이 얻기'를 했을 것이다. 하지만 성인들이 이야기판을 가졌을
때는 달라졌을 것이다. 성기가 길어져 생긴 이야기를 나누며 떠들
썩하게 웃지 않았을까?

　이야기판은 대개 겨울철의 농한기에 많이 만들어진다. 경기도
남양주시의 덕소에는 겨울에 사용하지 않는 밭을 ㄱ자로 1미터
깊이로 파서 짚 등으로 내부를 깔고 이엉을 얹어 지붕을 만든다.
이곳을 '깊은 사랑'이라고 부르는데 나이에 따라 모이는 장소가
다르다. 같은 남자들이라도 나이에 따라 이야기판의 내용이 다르
기 때문이다. 남자들이 모여 이야기를 나눌 때는 음담패설이 화제
로 자주 오르게 되고, 성기담도 그렇게 해서 만들어진 이야기라고
생각된다.

남성기와 여성기를 중심으로 한 이야기의 본질은 흥미에 있다. 일상적인 모습이 아닌 특이한 형태를 갖고 있는 남녀의 생활과 이를 중심으로 벌어지는 다양한 상황들이 도깨비 이야기에 삽입되면서 사람들은 폭소를 터뜨린다. 한바탕 웃음판이 벌어지는 이야기판. '도깨비방망이 얻기'에 성기담이 삽입된 것은 바로 그런 이유다.

2 도깨비는 왜
씨름하기를 좋아할까

도깨비는 남성으로, 남성의 일반적인 성향을 지니고 있다고 했다. 대표적으로 여자와 술을 좋아하는 것이 그렇다. 게다가 도깨비가 좋아하는 놀이가 다름 아닌 씨름 아닌가!

도깨비와 씨름을 했다는 이야기는 대개 경험담으로 전한다. 우리 할아버지가 도깨비를 만나 씨름을 했다거나 자기 동네에서 가장 힘이 센 사람이 도깨비와 씨름을 했다는 식이다.

하루는 장에 갔다가 친구를 만나 술을 한잔 먹고 집으로 돌아오는 길이었다. 고개를 넘어가는데 어떤 이가 나타나 들고 가는 고기를 내놓으라고 하였다. 식구들을 위해 산 고기라서 줄 수 없다고 하자, 그는 씨름을 해서 지면 고기를 달라고 하였다.

씨름은 좀처럼 승부가 나지 않았다. 고기를 들고 가던 사람
은 동네에서 가장 힘이 세다고 알려진 사람인데다 씨름을
하자던 이도 힘이 만만찮았다. 결국 밤새도록 씨름을 하게
되었고 새벽녘에야 겨우 그를 쓰러뜨릴 수 있었다. 그러고
는 곧장 그를 허리띠로 나무에 묶어놓고 집으로 돌아왔다.
밤새 아버지가 돌아오지 않아 걱정하던 식구들은 무슨 일
이 있었는지 물어보았더니, 아버지는 어떤 사람이 씨름을
하자고 시비를 걸기에 이겨서 나무에 묶어놓고 왔다고 대
답하였다.
식구들은 동네 사람들과 함께 씨름을 했다는 자리로 가보
았더니, 사람은 없고 쓰다가 버린 빗자루 몽둥이만 달랑 걸
려 있었다. 그제야 사람들은 도깨비에게 홀려 씨름을 했음
을 알게 되었다.

도깨비와 씨름한 이야기는 우리나라 전국에서 전승되고 있다.
어떤 사람은 씨름을 했다고 하고 어떤 사람은 씨름을 하다가 허
리춤에 있는 칼로 도깨비를 찌르고 나무에 묶었다고도 한다. 빗자
루 몽둥이나 도리깨 같은 농기구가 등장하기도 한다.
재미있는 것은 도깨비가 씨름을 하자고 덤빈 사람은 대개 힘이
센 장사라는 점이다. 그리고 도깨비는 늘 씨름에 지곤 한다. 만약
알려진 것처럼 도깨비가 철퇴를 가지고 있었다면 당연히 도깨비
가 이길 수밖에 없다. 그러니 우리 도깨비는 철퇴 같은 무기는 갖
고 있지 않았음을 알 수 있다.

씨름은 우리 민족에게 무엇이었을까

씨름은 앞에서도 말했듯이 고구려 고분벽화의 하나인 각저총에서 찾아볼 수 있다. 각저총에 그려진 벽화를 보면 두 무사가 우주목 옆에서 씨름을 하고 있다. 당시 씨름이 신성한 제의 과정의 일부분이었음을 보여주는 것이다. 옛날의 씨름은 지금처럼 단순한 민속놀이가 아니었다.

현재도 제사를 지낸 다음 날, 마을 사람 전체가 모여 민속놀이를 한다. 줄다리기, 차전놀이, 고싸움놀이 등이다. 이들 놀이를 통해 그해의 농사가 잘될 것인지 아닌지를 점치기도 하지만, 원래는 신을 즐겁게 하기 위한 놀이다. 놀이는 사람을 즐겁게 만든다. 사람들이 즐겁게 노는 것이 바로 신에게도 즐거움이 되는 것이다. 신성한 제의가 끝난 뒤에 난장과 같은 흥겨움이 있는 놀이 속에서 신도 즐거워진다고 믿은 것이다. 신을 즐겁게 해준다는 것은 그해의 농사가 풍작이 되길 기원한다는 의미다. 이렇게 씨름은 신을 즐겁게 해주는 신성한 놀이였음을 알 수 있다.

씨름은 조선시대에 와서야 큰 민중의 인기를 끌었던 것으로 보인다. 특히 힘자랑을 하고 싶어 하는 무관들까지 씨름을 즐겼다고 한다. 씨름을 했다는 것이 알려지면 관직을 박탈당할 수도 있었는데도 말이다.

우리 민족이 씨름을 즐겼던 것만큼 도깨비 또한 씨름을 좋아한다는 것은 당연한 결과다. 씨름을 통해 남성들은 힘자랑을 하고 싶어 했을 것이고, 씨름판에서 우승한 사람은 여성들에게서 흠모의 대상이 되었을 것이다. 도깨비가 남성으로서 힘을 과시하고 싶어 하는 것도 이와 무관하지 않다. 도깨비가 선택한 씨름 상대가 대개 마을에서 가장 힘이 세다고 하는 사람들이니 말이다.

씨름에 진 도깨비가 빗자루 몽둥이로 변한다는 것은 무슨 의미일까? 이에 대해 여러 가지 견해가 있지만 아직 분명하게 정리되지 못했다. 결국 도깨비는 자기가 힘이 제일 세다는 것을 알리기 위해 사람들의 세계로 내려오는 것이다. 그런데 씨름의 결과는 항상 사람의 승리로 끝난다. 씨름은 보통 새벽이 오면서 끝나는데 도깨비도 귀신과 마찬가지로 밝은 시간이 되면 자신의 능력을 발휘할 수 없는 모양이다.

도깨비를 나무의 정령이라고 말하는 학자들도 있다. 『고려사』〈이의민〉조를 보면 이의민이 집 안에 목랑(木郞)을 모셔놓고 빌었다는 기록이 있다. 그래서 목랑은 나무의 정령을 의미하기 때문에 도깨비라고 보는 학자가 있는데, 이것도 역시 도깨비가 둔갑한 대상물들이 나무였다는 점과 연결한 결과다. 특히 부엌에서 불을 땔 때 여자들이 빗자루를 깔고 앉으면 부정 탄다고 하는데, 그 빗자루가 도깨비로 변한다고 믿기 때문이다.

하지만 도깨비를 나무의 정령이라고 보기는 어렵다. 왜냐하면 나무의 정령으로 볼 수 있는 근거로 제시할 수 있는 것이 '도깨비와 씨름하기'뿐이기 때문이다. 도깨비는 산에서도 살지만, 갯벌에도 많이 나타난다. 물가에 나타나는 도깨비를 나무의 정령이라고 볼 수는 없지 않은가? 특히 고기를 몰아주는 신통력이나 물에 있는 고기를 산속에 묻어버리는 능력 등을 본다면 오히려 수신(水神)

계통의 속성을 가지고 있다고 봐야 한다. 이외에도 도깨비불로 나타나기도 하는데 과연 도깨비를 나무의 정령으로 볼 수 있을까? 이것은 도깨비를 하나의 계통으로 이해하는 것이 어렵다는 것을 말해준다.

도깨비와 씨름을 할 때 한쪽 다리가 썩은 나무라든가, 다리가 하나밖에 없기 때문에 그 다리를 넘어뜨리면 쉽게 이길 수 있다는 이야기도 전한다. 그러나 이것은 중국의 귀(鬼)인, 다리가 하나뿐인 독각귀가 전파되어 만들어진 이야기로 보아야 한다.

『사기집해』에 월인(越人)은 독각귀를 산과(山𤢖), 또는 외다리 망량(魍魎)이라고도 한다. 특히 사람 소리를 흉내 내 사람을 유인하기도 한다고 하였다. 따라서 독각귀는 중국 귀신의 하나가 우리나라에 유입되어 전파된 것으로 보아야 한다.

'도깨비 만나 부자 되기'에 나타난 도깨비 심성

앞서 도깨비는 마음에 드는 사람을 만나면 부자로 만들어준다는 이야기를 했다. 도깨비에게서 받은 돈으로 땅을 사야 한다고 했다. 그렇지 않으면 도깨비가 돈을 모래나 나뭇잎으로 바꿔버린다는 것이다. 그러면 '도깨비 만나 부자 되기' 이야기를 보자.

여자는 도깨비와 부부관계를 맺으면 부자가 된다

어느 마을에 예쁜 과부가 살고 있었는데 밤마다 건장한 남자가 찾아와 부부관계를 맺게 되었다. 이 남자는 여자를 찾아올 때마다 돈을 가져다주었다. 그런데 여자가 점차 몸이 야위어가기 시작하였다. 이웃집 할머니가 이상하게 생각하고 왜 그런지 물어보았다. 과부는 밤마다 한 남자가 찾아와 부부관계를 맺은 뒤부터 몸이 마르게 되었다고 하였다. 할머니는 그 남자가 도깨비임을 한눈에 알아보고는 과부에게 오늘밤에도 찾아오면 무엇을 무서워하는지 물어보라고 하였다.

그날 밤에도 도깨비가 찾아왔다. 과부는 이웃집 할머니가 시킨 대로 도깨비에게 세상에서 가장 무서운 것이 무엇인지 물었다. 도깨비는 순진하게 말머리와 말피가 무섭다고 대답하였다. 그러고는 과부에게도 무엇을 무서워하는지 물었는데, 과부는 돈이라고 하였다.

다음 날 과부는 도깨비가 준 돈으로 땅을 사고, 장에 가서 말을 한 마리 사왔다. 그런 다음에 말머리를 대문에 걸고 담을 따라 말피를 뿌려놓았다.

밤중에 도깨비가 과부 집에 놀러 왔는데, 자기가 가장 무서워하는 말머리와 말피를 보자 도망을 갔다. 잠시 후 과부에게 앙갚음을 한다고 돈을 집안에 던졌다. 과부는 돈을 주우면서 큰 소리로 "아이구 무서워! 아이구 무서워!" 하였다. 그러나 며칠이 지나자 과부집에서는 무섭다는 소리 대신 웃음소리가 흘러나왔다.

도깨비는 그제야 속은 줄 알고는 여자가 자기가 준 돈으로 산 논에 자갈을 잔뜩 뿌려놓았다. 과부는 도깨비짓인 줄 알고 큰 소리로 "올해 농사는 잘되겠어. 개똥으로 가득차면 농사를 망칠 텐데."라고 하였다. 그 소리를 들은 도깨비는 자갈 대신 개똥과 닭똥을 논에 채워놓고는 놀래주려고 과부 집에 갔다. 그런데 웃음소리만 들렸다.

도깨비는 또 속은 것을 깨닫고는 동네를 돌아다니면서 "여보쇼 동네 사람들, 여자 말은 믿지 마쇼." 하며 떠들고 다녔다. 그 후 도깨비는 밤마다 땅을 떼어가려고 네 귀퉁이에 말뚝을 박고 끈으로 묶은 뒤 낑낑거렸다. 요즘도 밤에 낑낑거리는 소리가 들리는데 이것은 도깨비가 땅을 떼어가려는 소리라고 한다.

이 이야기에는 도깨비를 잘 이용하면 부자가 될 수 있다는 생각이 들어 있다. 전라남도 여천 지방의 바닷가에는 도깨비가 만들어준 밭이 있다는 이야기가 전해진다. 허구로 꾸며낸 민담의 성격이 강하기는 하지만 누군가 실제로 경험했기 때문에 만들어진 이야기일 수 있다.

조선시대에는 과부나 홀아비가 많은 마을에서는 농사가 안 된다고 믿었다. 홀아비나 과부가 많은 고을의 수령은 중앙정부의 문책을 받았을 정도였다. 그런 시대적 배경 속에서 음에 해당되는 과부를 충족시켜주는 양으로서 도깨비가 등장한 것이다. 도깨비가 여자 중에서도 유독 과부를 좋아한다는 것은 매우 합리적인 생각이다.

남자는 도깨비와 친구가 되어야 부자가 된다

도깨비는 순진할 뿐 아니라 사람 말을 잘 듣는다. 그런 점에서 '도깨비 만나 부자 되기'는 남이야 어떻게 되든 자신의 잇속만 채우거나 재물에 욕심을 부리는 사람을 우회적으로 비판하는 것이기도 하다. 여자와 부부관계를 맺는 것과 도깨비에게 개고기 등 호의를 베풀어 부자가 되는 이야기도 전승된다. 이 이야기도 역시 친구관계였는데도 탐욕스런 남자에 의해 일방적으로 도깨비가 쫓겨난다는 내용이다.

너무 가난해서 남의 땅을 빌려 농사를 짓고 살던 김 서방이 있었다. 하루는 장에 가느라고 다리를 건너는데 밑에서 부르는 소리를 들었다. 누군가 하고 쳐다보았더니 패랭이를 쓴 어떤 사람이 자기를 부르는 것이었다. 김 서방은 가까이 다가갔다.

그 사람은 김 서방에게 어디를 가느냐고 물었다. 김 서방은 장에 가는 길이라고 말하면서 낯선 사람이 부르는 것이라 경계를 했다. 하지만 자기 성을 아는 것을 보아 만난 적이 있었나 하고 생각했다. 패랭이를 쓴 사람은 김 서방에게 장에 가는 길에 개고기 좀 사다줄 수 있느냐고 물었다. 김 서방은 어차피 가는 길이라 그렇게 해주마고 했다.

장에서 오는 길에 김 서방은 다리에서 그 사람을 불렀다. 그 사람은 김 서방을 반갑게 맞이하였다. 그 후로 그 사람과 친구가 되어 친해지게 되었다. 하루는 그 사람이 자기는 메밀묵을 가장 좋아하는데 메밀묵을 가져오면 김 서방이 원하는 것을 해주겠다고 하였다.

며칠이 지난 뒤 김 서방은 도깨비에게 메밀묵을 만들어주었다. 메밀묵을 잘 먹은 도깨비는 김 서방에게 좋아하는 것이 무엇인지 물었다. 김 서방은 돈이라고 하였다. 그러자 도깨비는 어디서 구해 왔는지 돈을 한 보따리 주었다. 그러면서 메밀묵을 만들어주면 더 주겠다고 하였다. 김 서방은 도깨비에게 메밀묵을 가져다줄 때마다 돈을 받았기 때문에 큰 부자가 되었다.

부자가 된 김 서방은 도깨비에게 메밀묵을 만들어주는 일에 싫증이 났다. 하루는 도깨비에게 세상에서 제일 무서운 것이 무엇인지 물었다. 도깨비는 순진하게 말피와 말머리라고 하였다. 그 말을 들은 김 서방은 이놈이 사람이 아니라 도깨비라는 것을 알아챘다. 집에 돌아와서 그동안 모아둔 돈으로 땅을 샀다. 말도 한 마리 사서 대문에 말머리를 걸고 말피를 담에 뿌려놓았다.

김 서방이 오지 않자 도깨비는 그의 집으로 찾아갔다. 그랬더니 김 서방의 집에 도깨비가 제일 무서워하는 말피와 말머리가 있는 것이 아닌가. 화가 난 도깨비는 김 서방이 농사를 지을 수 없게 논에 자갈을 잔뜩 쌓아두었다. 그러나 김 서방은 꾀로 도깨비의 장난을 물리치고 잘살았다는 것이다.

제주도에서는 도깨비 덕분에 부자가 되었으나, 잘 모시지 않아 하루아침에 알거지가 되었다는 이야기가 전해진다. 하지만 위의 이야기에서는 도깨비를 이용해서 부자가 된다. 이러한 이야기들은 도깨비를 이용해서 부를 얻는 사람의 지혜를 드러내기도 하지만 반대로 순진한 도깨비를 배신하는 사람의 영악함을 경계하는 교훈도 담겨 있다.

'도깨비 만나 부자 되기'는 어떻게 만들어졌을까

'도깨비 만나 부자 되기'는 '야래자설화(夜來者說話)'와 유사한 면을 갖고 있다. 야래자란 밤에 찾아오는 신이한 인물을 의미하는데, 야래자와 정을 통해 낳은 자식은 나중에 뛰어난 인물이 된다고 한다. 그 대표적인 예로 '견훤(甄萱)설화'를 들 수 있다.

> 옛날 광주(光州)의 북촌에 한 부자가 살고 있었는데 딸이 하나 있었다고 한다. 그녀는 아버지에게 자줏빛 옷을 입은 남자가 매일 밤 잠자리를 같이한다고 말했다. 아버지는 바늘에 실을 꿰어 그의 옷에 꽂아두라고 하였다. 딸은 아버지가 시키는 대로 했다. 다음 날 아침, 실을 따라가 보니 북쪽 담장 밑에서 바늘에 허리를 찔린 지렁이가 있었다. 그 후 딸은 사내아이를 낳았는데 나이 열다섯이 되자 스스로를 견훤이라고 하였다.

이외에도 밤에 찾아오는 이인(異人)과 관련한 야래자설화는 매우 많은 편이다. 견훤설화에서 야래자로 나오는 지렁이는 용의 다른 표현이라고 보는 견해도 있는데, 위의 견훤설화에서 지렁이는 우리가 흔히 볼 수 있는 지렁이가 아니라 토룡(土龍)으로 표현되는 상징적인 존재다. 견훤이라는 역사적 인물의 출생에 지렁이를 등장시켜 견훤이 일반 사람들의 출생 과정과는 다르다는 점을 강조하고 있는 것이다. 분명한 것은 야래자는 사람과는 다른 이물(異物), 인간 세계와는 다른 세계에 살고 있는 신이한 존재라고 할 수 있다는 것이다.

그렇다면 야래자와 도깨비는 어떤 차이가 있는가? 도깨비는 야래자처럼 여성에게 임신을 시켜 뛰어난 인물을 생산하는 능력을 지닌 신이한 존재는 결코 아니다. 오히려 인간에게 배신당하고 놀림당하는 순진한 존재다. 도깨비 덕분에 부자가 된 과부에게서 쫓겨나는 그런 어리숙한 존재인 것이다.

그렇다면 야래자설화와 '도깨비 만나 부자 되기' 사이에는 어떤 관계가 있을까? 이야기 구조를 살펴보면 야래자설화가 전승되어 오다가 '도깨비 만나 부자 되기'로 이야기가 변화되었다고 볼 수 있다.

야래자설화와 '도깨비 만나 부자 되기'에서 눈여겨보아야 할 점은 주인공이 야래자에서 도깨비로 바뀌었다는 것이다. 즉, 도깨비가 처음에는 사람들에게 해를 끼치는 존재로 여겨지지 않았다는 점이다. 사람에게 해를 끼치는 존재로 여겨졌다면 어떻게 신이한 존재인 야래자와 대치될 수 있었겠는가?

그럼 야래자설화와 '도깨비 만나 부자 되기'의 구조를 보자. 야래자설화는 밤마다 이물이 찾아온다. '도깨비 만나 부자 되기'에서도 도깨비는 밤마다 찾아온다. 또 야래자설화에서는 이물이 여자에게 임신을 시킨다. '도깨비 만나 부자 되기'에서 도깨비는 여자와 관계를 맺지만 임신을 시키지는 못한다. 야래자설화에서 여자는 이물의 정체를 확인한다. '도깨비 만나 부자 되기'에서는 도깨비를 쫓아버린다. 야래자설화에서는 임신시킨 아이가 커서 큰 인물이 된다. '도깨비 만나 부자 되기'에서 도깨비는 사람에게 속은 것을 알고 골탕을 먹이려고 하지만 결국 실패하고 만다. 이렇게 이야기의 내용은 바뀌었다고 해도 이야기의 구조는 매우 유사하다. 그래서 '도깨비 만나 부자 되기'는 야래자설화로부터 변화된 이야기라고 볼 수 있는 것이다.

또한 도깨비가 등장하면서 야래자설화와는 달리 주인공의 신격성이 떨어지고 있음을 알 수 있다. 일반적으로 야래자설화는 신성한 출생담과 관련되어 견훤설화에서 보여주듯 부계(父系)를 상징한다. 그러나 도깨비는 어떤가? 단지 재물을 가져다주는 존재일 뿐이다. 둘 다 여자와 성관계를 맺고 있으면서도 야래자는 자손을 생산하지만 도깨비는 재물만 창출한다.

또한 야래자는 큰 인물을 탄생시키지만 도깨비는 쫓겨나는 신세일 뿐이다. 야래자는 신이한 존재로서 신격성이 높다면 도깨비는 그렇지 못하다. 비록 신통한 능력을 지니고 있었다 해도 말이다. 이렇게 유사한 이야기 구조 속에서 내용이 바뀌고, 주인공이 바뀌고, 주인공의 역할과 존재가 바뀌는 것은 곧 시대적인 변천과

야래자설화와 '도깨비 만나 부자 되기'의 구조와 내용 변화

야래자설화	용천담적기	원주삼상유최가자	부자 되기
밤마다 오기	밤마다 오기	장부가 찾아오기	도깨비 찾아오기
임신하기	임신하기 (鬼胎)	(가져다준 재물로 부자가 됨)	몸이 여위어감 (가져다준 재물로 부자가 됨)
정체 확인하기		쫓아보내기 (黃色)	쫓아보내기 (말피와 말머리)
낳은 아들 큰 인물 되기		장부가 도와줘 부자 되기	도깨비 응징→실패 (사람은 부자 되기)

밀접한 관계가 있다.

　야래자설화와 '도깨비 만나 부자 되기'의 구조와 내용의 변화를 시대적으로 나열하면 위 표와 같다.

　견훤을 주인공으로 삼은 야래자설화 내용이 『용천담적기』에 오면 신성한 인물의 출생담은 사라지고 귀신의 장난으로 인해 발생한 사건 정도가 된다. 하지만 조선 광해군 때 유몽인이 쓴 우리나라 최초의 야담집인 『어우야담(於于野談)』에 수록되어 있는 '원주삼상유최가자'에 오면 '도깨비 만나 부자 되기'와 유사한 내용을 갖춘다. 다만 도깨비를 쫓아낼 수 있는 벽사물이 다르고 이야기의 결과에서 차이가 있다.

시대가 변하면서 이야기가 달라지는 것은 당시에 유행하던 이야기가 반영된 것으로 볼 수 있다. '원주삼상유최가자'에서는 황색이 벽사 기능을 했지만 '도깨비 만나 부자 되기'에서는 말피와 말머리가 벽사 기능을 한다.

최근까지도 '도깨비 만나 부자 되기'에서 말피와 말머리를 벽사로 사용했다는 근거로 도깨비를 기마민족의 문화적 반영으로 생각하기도 하였다. 하지만 말을 도깨비를 쫓는 벽사물로 사용한 것이 후대에 등장한다는 점에서 이것은 문화 현상을 올바르게 파악한 것으로 보기 어렵다. 그런 면에서 '도깨비 만나 부자 되기'는 야래자설화를 기본 구조로 삼고 당대의 문화적 토양을 수용하면서 형성되었음을 알 수 있다.

이처럼 이야기도 단순한 형성 과정의 의미보다는 그 이야기의 배경인 문화적, 생업적 바탕 등이 이야기에 일정한 영향을 주면서 만들어진 것으로 보는 것이 합당하다.

도깨비가 인간과 맺는 관계는 일종의 교환관계다. 인간은 도깨비에게 호의를 베풀고 도깨비는 보답을 한다는 것에서 알 수 있다. 그런데 재물을 차지한 사람은 도깨비를 매정하게 쫓아버리고 재물을 자신의 것으로 만든다. 순진한 도깨비는 사람에게 이용만 당하고 쫓겨나는 것이다.

그런 점에서 도깨비는 비록 신통력은 갖고 있지만 사람만큼 영리하지는 못하다. 반면에 도깨비는 관계를 맺은 이를 도와 부자로 만들어주어 의리를 지킬 줄 아는 존재다. 사람은 재물 때문에 의리나 신의를 헌 신 버리듯 하는 행동을 한다. 결국 '도깨비 만나 부자 되기'에는 재물을 탐하는 사람에 대한 비판이라는 주제의식이 담겨 있는 것이다.

도깨비에게 홀렸다는
사람들의 이야기

어떤 사람이 이상한 짓을 하면 귀신에게 홀렸다, 또는 도깨비에게 홀렸다는 말을 한다. 보통 정신력, 또는 기가 약해졌을 때 그런일이 생긴다고 한다. 조선시대 성현이 쓴 『용재총화』에도 이에 대한 기록이 있다.

성현의 외삼촌 안공이 서원 별장에 있을 때다. 길 옆에 고목나무 한 그루가 있었는데, 굵기가 몇 아름이나 되고 키는 하늘을 찌를 정도로 컸다. 안공이 살던 마을에 한 소년이 있었다. 그는 어디서 그런 용기가 났는지 그 나무를 자르려고 했다. 그런데 소년은 나무를 자르다가 귀신에게 홀려 밤낮으로 날뛰었다. 동네 사람들이 소년을 말리려고 해도 소용이 없었다. 그런데 소년은 안공의 이름만 들으면 달아났

다. 안공은 그 소년을 붙잡아 데려오라고 했다. 안공은 동
쪽으로 뻗은 복숭아 나뭇가지를 잘라 그 소년의 목을 베는
시늉을 했다. 소년은 순간 몸을 구르며 울부짖다가 죽은 것
처럼 땅에 엎드렸다. 3일 동안을 그렇게 있다가 깨어났는
데, 그제야 광태(狂態)가 사라졌다고 한다.

이 이야기에는 귀신에게 홀렸다고 되어 있지만, 도깨비에게도
홀리는 일이 많았다고 한다. 충남 태안군 소원면 의항리에서 채록
한 이야기를 보자.

친구와 둘이서 술을 마시고 집으로 돌아가는 길이었다. 별
안간 친구가 혼자서 무슨 말을 중얼거리면서 산 쪽으로 올
라가버렸다. 나는 무서워서 친구의 이름을 부르며 내려오
라고 하였다.
그 친구는 한참을 올라가다가 부르는 소리를 들었는지 뒤
를 돌아보더니 내가 있는 쪽으로 다시 내려왔다. 내려와서
나에게 물었다.
"지금 우리 둘이서 가는 길인가?"
"그럼 둘이서 가는 거지, 누가 또 있는가?"
그러자 친구는 갑자기 마을 쪽으로 뛰기 시작하였다. 다음
날 친구를 만나 무슨 일이 있었는지 물어보았다. 친구는 어
제 나와 함께 오다가 어떤 한 사람을 만났다고 했다. 키도
크고 멋지게 생긴 남자가 같이 길을 가자고 해서 따라갔다

는 것이다. 그 사람이 가는 길은 마치 새로 만든 것처럼 길이 잘 나 있어 걸어가기가 좋았다고 하였다. 하지만 내가 밑에서 볼 때는 분명 길이 아니었다. 아카시아나무와 덤불이 우거져 사람이 들어가기에는 힘든 곳이었다.

내가 부르니까 그제야 정신을 차리고 나에게 왔던 것이다. 만약 친구가 그 도깨비를 그대로 쫓아갔으면 죽도록 고생했을 것이다. 친구가 만난 사람은 사실은 사람이 아니라 도깨비였다.

도깨비에게 홀린 이야기를 보면 도깨비가 왜 홀리려고 했는지 이유가 불분명하다. 다만 홀린 경험을 한 사람들의 이야기를 보면 단지 도깨비에게 홀렸다는 사실만 알 수 있다.

도깨비에 홀려서 끌려 다니게 되면 죽거나 병으로 심하게 고생한다. 전라남도의 해안 지방에서 도깨비가 사람을 밤새도록 갯벌에 끌고 다니기도 하는데 그런 사람들은 기가 빠져나가 오래 살지 못한다고 했다. 홀린 사람은 얼마 지나지 않아 죽거나 또 살아도 3년을 넘기지 못한다는 것이다.

요즘은 특별한 이유도 없이 자꾸 몸이 허약해지면 굿을 해서 귀신을 쫓아내기도 한다. 그런데 옛날에는 도깨비에게 홀린 것을 두고 귀신에게 홀렸다고 표현하기도 했던 것이다. 그렇다면 왜 도깨비가 사람을 홀린다고 말하게 되었을까? 앞서 얘기했듯이 귀신에게 홀린 것과 도깨비에게 홀린 것을 별로 구분하지 않고 뭉뚱그려서 생각했다는 것이다. 도깨비에게 홀린 것을 두고도 귀신에게 홀렸다고 얘기하기도 하고, 그 반대로도 얘기하는 것이다. 즉, 홀린 경험을 한 사람들은 귀신과 도깨비를 크게 구분하지 않고 있는 것이다.

도깨비는 사람을 홀리기보다 사람과 어울리고 싶어 한다

그러나 도깨비와 귀신은 엄밀히 말해 서로 다른 존재다. 도깨비는 원래 부를 가져다주는 재물신으로 모셔졌다. 그렇기 때문에 사람을 홀리는 것은 도깨비의 일이라기보다 귀신의 일이었다고 보아야 한다.

귀신에게 홀리는 것을 두고 혼이 빠져나갔다고 한다. 또 귀신보다 기가 약할 경우 쉽게 홀린다고 한다. 이러한 기를 우리는 흔히 '대'라고도 한다. 기가 약한 것을 '대가 약하다'고도 하고, 기가 센 사람을 '대가 센 사람'이라고 한다.

귀신이 사람을 잘 홀린다면, 도깨비는 어떤가? 도깨비도 사람을 홀리는 것일까? 그렇지 않다. 도깨비는 사람을 홀리기보다는 사람과 어울린다고 보는 것이 옳다. 그런데 왜 도깨비에게 홀렸다는 이야기가 많이 전승되는 걸까? 그것은 도깨비와 귀신을 특별히 구분하지 않았던 탓이다.

또 다른 예로 전라남도 진도 지방에서 전승되고 있는 도깨비굿을 들 수 있다. 도깨비굿은 돌림병을 막기 위해 행하는 제의라고 볼 수 있다. 그런데 도깨비굿의 마지막 단계를 보면 도깨비와는 무관한 귀신을 가두는 제의 과정이 있다. 도깨비와는 상관없는 제의 과정인 것이다. 결국 이런 예를 보더라도 도깨비와 귀신을 크게 구분 짓지 않고 제의를 행했다는 것을 알 수 있다.

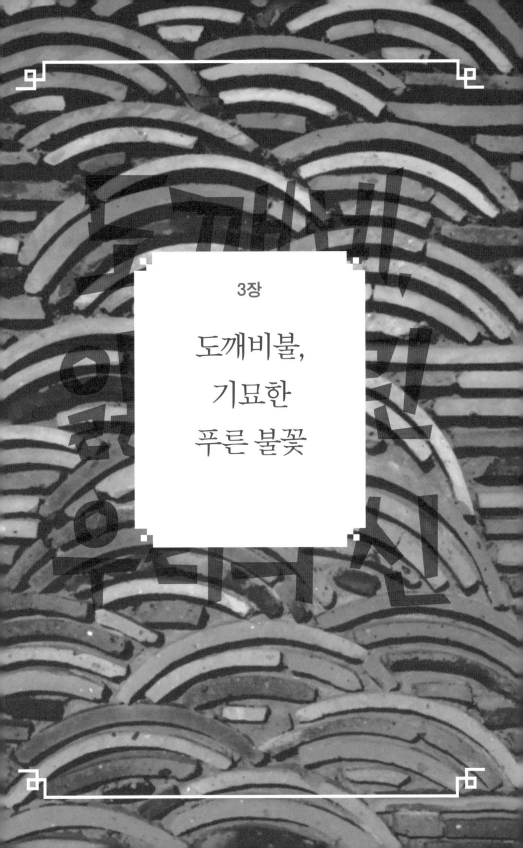

3장

도깨비불, 기묘한 푸른 불꽃

1 도깨비불을 보면
어떤 일이 생길까

도깨비불은 밤중이나 비가 부슬부슬 내리는 어슴푸레한 날씨에 잘 나타난다. 사람들은 산속에서 나타나는 것을 보고 인불이라고 하고, 또는 나무에서 송진이 불을 내는 것이라고도 한다. 바다에서도 도깨비불이 잘 나타나는데, 이것을 형광 플랑크톤이라고도 한다.

예컨대 도깨비불이 인불이라면 붉은 계통의 색을 띠어야 하지만 도깨비불을 본 사람들은 색이 형광등 빛과 같다고 한다. 따라서 도깨비불을 과학적으로 설명하기는 어렵다.

도깨비불은 어떻게 나타날까

　도깨비불은 푸르스름한 색을 띠고 있으며 비행접시처럼 왔다갔다 날아다니기도 한다. 어떤 사람은 그 불이 하나였다가 여러 개로 변하는 등 변화무쌍하다고 한다. 이러한 조화는 성현의 『용재총화』에도 기록되어 있다.

　　외숙 안부윤은 젊었을 때 힘없어 보이는 말을 타고 어린 종 한 명을 데리고는 서원 별장으로 간 적이 있다. 별장까지 10리쯤 남았을 때 이미 날이 저물어 사방은 칠흑같이 어두웠다. 사방을 아무리 둘러보아도 사람이라곤 찾아볼 수 없었다. 그런데 동쪽을 바라보니 횃불이 보였다. 떠들썩하게 사람들 소리도 들리는 걸 봐서는 사냥을 하는 듯했다. 횃불은 점점 가까워졌고 좌우를 빙 두른 횃불의 길이가 5리나 되었다. 그런데 자세히 보니 웬걸, 그 횃불은 다름 아닌 도깨비불이었던 것이다. 놀란 안부윤은 어찌할 바를 모르고 정신없이 말에 채찍질만 해댔다. 그렇게 7리나 8리쯤 앞으로 달려갔다. 도깨비불은 서서히 흩어지더니 더 이상 보이지 않았다. 하늘이 흐린지 조금씩 비가 부슬부슬 내리기 시작하고, 길은 갈수록 험해졌지만 귀신이 도망간 것 같아 마음은 진정되었다. 그런데 다시 한 고개를 넘어 산기슭을 돌아 내려가는데 조금 전에 보았던 도깨비불이 이제는 겹겹이 나타나 안부윤의 앞길을 막아버리는 것이 아닌가! 혼이

나간 듯 안부윤은 칼을 뽑아 들고는 소리치며 앞으로 돌진
했다. 그 순간 불들이 순식간에 흩어지면서 우거진 풀숲으
로 사라졌는데, 손바닥을 치며 크게 웃는 웃음소리가 들렸
다(外叔安府尹 少時向瑞原別墅 乘羸馬率一小僮 去墅十里許 時夜向黑 四
顧無人 東望縣城 有火炬喧呼之狀似若遊獵 其勢漸近 周擁左右 伍里不絶
皆鬼火也 公進退維谷 罔知所措 但策馬前行七八里 鬼火皆散 天陰雨濕 道
路益艱 然私喜去鬼 恐怖稍定 又踰一嶺 綠回而下 前所見鬼火 疊塞前路 公
計無所出 拔劍大呼突入 其火一時皆散 投入林莽 抵掌大笑).

안부윤이 도깨비불을 만나 혼이 난 이야기다. 여기서 보면 도깨
비불을 귀화(鬼火)로 쓰고 있다. 도깨비라는 존재를 한자로 표기하
기 위해 중국의 귀를 차용했다고 볼 수 있다. 조선시대에 쓰인
『용화총재』나 20세기에 쓰인 「위도의 민속」에서 묘사된 도깨비불
의 모습이 거의 유사하다는 점에서 이를 확인할 수 있다.

이런 조화를 보여주는 도깨비불은 나타났다가 사라지고 다
시 반짝반짝 나타나고 그러지. 그러다가 하나가 둘이 되고,
둘이 넷이 되고, 넷이 여덟이 되는 거라. 삽시간에 여기저
기서 반짝거려 그놈들은 물웅덩이를 두고 빙 돌고는 순간
적으로 사라져 버리지. 그런데 바로 그 자리에서 조기가 많
이 잡혀. 아주 큰 조기가 말이지.

_ 「위도의 민속」에서

도깨비불을 인불이나 송진이 내는 빛이라고도 하지만 정확하지는 않다. 특히 시골에 사는 사람들은 요즘은 도깨비불이 나타나지 않는다고 하는데, 그 이유가 전깃불이 들어왔기 때문이라거나 자동차 불빛 때문이라고 한다. 어떤 사람은 한국전쟁 이후 대포소리나 총소리 때문에 사라졌다고도 한다.

도깨비불은 풍어와 풍년을 가져다준다

충청남도에서 경상남도의 해안 지방으로 이어지는 어촌에서는 도깨비불을 보고 그해의 흉풍어를 점치는 산망(山望)이 전승되어왔다. 산망이란 산에서 바다를 바라본다는 뜻이다.

산망은 대개 섣달그믐날 밤에 하지만 정월 초사흗날 하기도 한다. 이때는 달도 없어 매우 깜깜할 때다. 먼저 뱃고사나 도깨비고사 등 마을 제사를 지낸 뒤 산망을 한다. 바다를 보면서 도깨비불이 많이 나타나는 곳을 찾는 것이다. 도깨비불이 많이 나타나는 곳에 고기가 많이 잡힌다는 속신 때문이다. 그곳을 찾은 사람은 절대로 다른 사람에게 말해서는 안 된다. 혼자만 알고 있다가 조업을 해야 한다. 그렇지 않을 경우 비록 도깨비불이 많이 나타난 곳이라도 고기가 잘 잡히지 않는다고 한다.

산망 풍습은 배를 타고 고기를 잡는 어민들에게만 전해오는 것은 아니다. 고정된 그물인 덤장을 설치하는 사람들도 산망을 한다. 물론 고기를 많이 잡고자 하는 바람에서다.

이러한 산망 풍속은 동해안을 제외한 서해와 남해안 지역에서 광범위하게 전승되어 왔다. 하지만 오늘날 사람들이 도깨비의 존재를 믿지 않는 것처럼 도깨비불을 보는 산망 풍속도 단절된 상태다.

바다의 도깨비불이 풍어를 예견했듯이 육지의 도깨비불은 풍흉작을 예견했다.

> 금정구(부산의 한 지명)에서는 그믐날 밤에 이듬해 풍흉을 점치기 위해 도깨비불을 보러 간다. 도깨비불이 나타난 산 쪽에 위치한 마을에 풍년이 든다고 한다. 남구에서는 그믐날 밤에 도깨비불을 보면 이듬해 풍년이 든다고 한다.
>
> _ 김승찬, 『부산 지방의 세시풍속』에서

> 그런디 그 건너 고장에서 도깨비 노는 것을 많이 봤다고 하데. 도깨비 노는 것을 어째서 보냐 하면 도깨비가 높은 곳에서 놀면 그해는 가물어 농사가 안 된다고 그랬어. 낮은 곳에서 놀면 물이 흔하다는 것이어. 그런 전설이 있어.
>
> _ 「광주의 전설」에서

「광주의 전설」은 물과 도깨비가 밀접한 관련이 있다는 것을 보여준다. 실제로 도깨비는 바다에 많이 나타나며 풍어를 상징한다. 그렇다면 도깨비가 바다에 살고 있기 때문에 물과 관련을 맺고 있는 것일까? 부산 지방에서도 도깨비가 나타나는 곳에서 풍년이

든다고 하는 속신이 전승되고 있는 것으로 보아 그런 면이 없지
않다.

도깨비불은 어슴푸레한 저녁 때도 나타나지만, 부슬부슬 비가
내린 후 또는 먹구름이 하늘을 덮고 있어 날이 어둠침침할 때도
나타난다. 이를 보고 도깨비가 습기, 즉 비를 몰고 온다고 여겼다.

비는 일 년의 농사를 좌우할 정도로 매우 중요했다. 도깨비불도
역시 비가 내리거나 내리려고 할 때 나타나기 때문에 도깨비불이
비를 상징한다고 여겨진 것이다. 그러므로 도깨비불이 많이 그리
고 자주 나타나는 마을은 곧 비가 많이 내린다는 것이므로 당연
히 풍년이 들 거라고 생각되었다.

2 큰 인물 될 사람을
알아보는 도깨비

도깨비의 신통력은 도깨비방망이나 부를 가져다준다는 것, 고기
가 많이 잡힐 곳을 알려준다는 것 외에도 크게 이름을 떨칠 사람
을 어린 시절부터 알아본다는 이야기가 있다.

도깨비는 어떤 인물들을 알아볼까

도깨비가 큰 인물이 될 사람을 어린 시절부터 보살펴준 이야기
가 있다. 이헌경과 양한림, 그리고 권시가 있다. 이헌경은 조선 말
기 문신으로 현감이었던 이연광의 아들이었는데, 판서를 지낸 인
참의 양자로 입적된 뒤에 함경도 관찰사까지 오른 인물이다. 이헌
경을 도깨비가 어떻게 알아보았는지 이야기를 보자.

이헌경은 철종 2년(1851년) 사미리(현재 주안동)에 살던 한 농부의 아들로 태어났다. 그는 어려서 한문을 잘하였으며, 15세 때 아버지와 함께 농사를 지었고 염밭일(염전일)도 도왔다. 그는 어느 날 밤 아버지와 같이 염막(소금 굽는 집)에 가는데 마침 길 옆 논에서 이헌경의 친척 되는 분이 용두레로 물을 퍼올리고 있었다. 그 친척과 이헌경 부자는 서로 인사를 했다. 그런데 친척은 깜짝 놀랐다. 이헌경 부자 앞에 도깨비들이 나타나 이헌경 소년 앞에서 "판서 나리 지나신다, 쉬-. 판서 나리 지나신다, 쉬-." 하며 벽제 소리를 요란하게 지르며 그 소년 앞에서 굽실대는 것이었다. 이헌경과 그의 아버지는 전혀 의식하지 못하는 것 같았다. 이를 목격한 친척은 실로 이상한 노릇이라 여겼다.

어느 날 서울에 사는 쌍백당(雙柏堂)이 찾아왔다. 목적은 아들이 없어 양자를 구하러 왔던 것이다. 이헌경의 친척은 하나뿐인 아들을 양자로 줄 수가 없어 이헌경의 집에 가서 상의하였다. 이헌경의 아버지는 자기의 아들을 대갓집에 양자로 보내면 필경 아들이 잘살 거라고 여겨 양자로 보냈다. 소년 이헌경은 서울로 가서 양부집에서 공부를 한지 9년 만에 과거에 장원하고 높은 벼슬을 두루 거쳐 예조판서가 되었다.

_ 이훈익, 『인천 지방 향토사담』에서

여기서 흥미로운 것은 주인공인 이헌경의 눈에는 도깨비가 보이지 않는다는 것이다. 다른 이야기들에서는 도깨비를 볼 수 있다. 양한림이나 권시의 경우는 도깨비의 이야기를 엿듣거나 도깨비가 도와주고 있다. 권시의 이야기를 보자.

권시 집안은 우암 송시열과 사돈지간이다. 송시열의 딸이 권시의 어머니인데, 하루는 권시의 어머니가 권시를 데리고 친정집에 놀러왔다. 밤이 되어 권시는 어머니 옆에서 자려고 했다. 이를 안 우암이 "차아흉(此兒凶)."이라고 했다. 외손자인 권시에게 흉하다고 한 것이다. 그 말을 들은 권시는 "외조부언(外祖父言)이 극흉(極凶)."이라고 말했다. 즉, 외조부님의 말씀이 가장 흉하다고 대답한 것이다.

그러고는 방에서 자고 있던 어머니를 깨워 집으로 돌아가자고 하였다. 어머니는 밤중이라 무서우니 가고 싶으면 너나 가라고 말했다. 권시는 어리기 때문에 어머니가 그렇게 말하면 가지 않으려니 생각한 것이다.

하지만 권시는 혼자서라도 가겠다며 집을 나섰다. 집으로 돌아오는 길에는 큰 강이 하나 있는데, 밤중이라 배도 없었기 때문에 망연히 서 있었다. 그런데 도깨비가 나타나 "권정승 온다. 권 정승 온다." 하면서 소리치는 것이었다. 그러면서 권시를 업고 강을 건너주었다.

걱정이 된 어머니가 다음 날 일찍 집으로 돌아와 보니 권시가 점잖게 앉아 있었다. 어머니는 그 밤중에 어떻게 강을 건너왔느냐고 물었다. 권시는 강가에 오니 누군지 모르는 사람이 강을 건너주었다고 말했다.

권시는 양한림과 거의 같은 시대에 살았던 인물로 승지와 한성부 부윤 벼슬까지 했다. 이 이야기에서는 도깨비가 권시를 직접 도와주고 있다. 권시를 등에 업고 건너주었다는 것은 도깨비가 도와준 한 표현일 뿐이다. 밤중에 어린 권시가 맹수나 다른 나쁜 일을 당하지 않도록 보호하고 있었다고 보는 것이 합당하다. 양한림은 어떤 인물인가? 인조 때 병자호란이 일어나자 의병을 일으켰으며 여러 벼슬을 두루 거친 공신이다. 양한림이 도깨비와 만난 이야기에는 왜 도깨비와 만나게 되었는지, 왜 도깨비가 보호해주게 되었는지 이유가 없다. 다만 양한림이 크게 될 인물이라는 점만이 부각되어 있다. 특히 '한석봉과 어머니' 이야기와 구조가 유사하다.

양한림이 서당에서 공부를 하다가 지쳐 집으로 갔다. 그런데 어머니에게 야단만 맞고는 다시 서당으로 돌아가게 되었다. 밤이라 깜깜했다. 너무 오랫동안 걸은지라 지쳐서 초분 근처에서 쉬고 있었다. 그런데 두런거리는 소리가 들렸다. 양한림은 어디서 나는 소린가 하고 귀를 기울였다. 그것은 도깨비들 소리였다. 한 도깨비가 누구네 집에 놀러 가자고 했고, 한 도깨비가 자기 집에 귀한 손님이 찾아와 갈 수 없다고 했다.
양한림은 그 말을 듣고는 손님이 누군가 싶어 주위를 두리

번거렸는데 자기 말고 다른 사람은 없었다. 도대체 누굴 말하는 건지 궁금했다. 잠시 생각하던 양한림은 그 손님이 바로 자신을 말하는 것임을 깨닫게 되었다. 그 후로 양한림은 열심히 공부해서 높은 벼슬에 올랐다고 한다.

이러한 양한림의 이야기는 교훈적인 의미를 담고 있다. 또한 어머니와 내기를 해서 진 한석봉 이야기를 끌어다가 도깨비와 결합시킨 점은 매우 흥미롭다.

왜 도깨비를 등장시킨 것일까

이런 이야기가 왜 설화로 정착된 것일까? 이야기의 주인공들이 자신을 특별한 사람으로 보이고 싶어 그랬던 것일까? 그렇지는 않을 것이다. 물론 개국신화를 보면 그런 면이 많이 보인다. 그러나 양한림이나 권시가 나라를 세운 사람들은 아니지 않은가? 무엇보다도 이 이야기들은 자기 고장에서 태어난 유명해진 인물을 마을 사람들이 자랑하고 싶었을 것이고, 큰 인물들은 어릴 때부터 뭔가 다르고 신비롭다는 것을 도깨비를 등장시켜 부각시키려고 했을 것이다.

또한 조선시대 남성들의 최대 목표는 무엇인가? 당연히 과거에 합격하여 집권층으로 소속되는 것이다. 이를 위해 사서삼경 등을 통독하지 않으면 안 된다. 또 조선시대에는 설화를 통해서 교훈적인 의미를 전달하는 가정교육이 행해졌다. 이것은 안방문화적인 속성을 강하게 보여주고 있는데 할머니를 통해 손자에게로, 또는 할아버지를 통해 손자에게 이야기가 전해졌다. 이러한 교훈적인 이야기의 전달은 서당에만 의지했던 당시의 교육 체계를 고려해 볼 때 가정교육 또한 매우 중시되었음을 엿볼 수 있다.

도깨비가
명당자리를 알려주기

서민들 사이에서는 도깨비가 나타난 자리, 일반적으로 도깨비가 노는 자리를 명당이라고 말한다. 또한 이 자리에 집을 짓고 살면 부자가 된다고 한다.

서당을 다니는 학동이 있었다. 서당에는 가객(歌客)이나 지사(地士) 등이 와서 훈장과 이야기를 나누고 가기도 하였다. 하루는 지사, 즉 지관이 하룻밤을 쉬어 가기 위해 서당에 들렀다. 다음날 지관은 학동들이 모여 있는 것을 보고 한 가지 가르쳐주고 간다고 하면서 학동들과 대화를 나누기 시작했다.

학동들은 지관을 보고 "선생님, 명당(明堂)에 묘를 쓰면 사람이 납니까? 벼슬을 합니까?" 하고 물었다. 지관을 그 말을 듣고는 명산에 묘를 쓰면 사람도 나고 벼슬을 하는 수가 있다고 있다고 대답했다. 한 학동이 그러면 둘 중에 어떤 것이 좋으냐고 물었다. 지관은 두 가지가 다 좋은데, 벼슬을 하기 위해서는 사람이 나야만 벼슬을 할 수 있는 거라고 말했다. 그 말을 들은 학동이 그런 자리가 어디 있습니까, 하고 의심스러운 듯이 물어보았다.

그런 자리가 있다고 말을 꺼낸 지관은 도깨비들이 회의하는 자리가 있는데, 바로 그 자리에 묘를 쓰면 벼슬도 할 수 있고 사람도 난다고 하였다. 산골 깊은 곳에 있는데, 사람들이 접근하기 어려운 장소라고 하였다.

이 말을 들은 학동 중에서 한 명이 잘 새겨듣고 내가 한 번 그 자리를 찾아가 보자, 하면서 저녁마다 산속을 헤매고 다녔다. 도깨비들이 모여 회의하는 장소를 찾는 것은 쉬운 일이 아니었다. 그러던 어느 날, 한밤중인데도 사람들이 웅성거리는 소리가 들려왔다. 학동은 가만히 덤불 속에 숨어 있다가 그 장소를 잘 지켜보았다. 속으로 이놈의 도깨비들 다시 한 번 회의하러 오면 내가 쫓아버려야지 하고는 그 장소를 잘 기억해두었다.

며칠 뒤 다시 그 장소로 가서 도깨비들이 나타날 즈음에 떡 드러누웠다. 잠시 뒤에 도깨비들의 웅성거리는 소리가 들리더니, "하 정승이 세상을 떴네. 이를 어쩔거나." 하고 서로 이야기를 하는 것이었다. 그러더니 "우리가 장례를 치러 줘야 하겠네." 하고는 도깨비들이 부산하게 움직이는 것이 보였다. 그중에서 한 도깨비가 하 정승을 아무 곳에나 묻을 수 없으니 우리들 회의 장소에 쓰는 것이 좋겠다고 말했다. 도깨비들이 하 정승을 둘러메고 자신들의 회의 장소에 묻으려고 할 때, 이 학동이 벌떡 일어나 "이놈들 너희는 도깨비들이 아니냐? 내가 네놈들이 회의를 못하게 하려고 이곳에 왔다." 하면서 크게 소리를 쳤다. 도깨비들은 놀라 모두 뿔뿔이 도망쳤다. 혼자 남은 학동은 이 자리가 정말로 좋은 자린가 하고 속으로 생각하면서 말뚝으로 표시를 하고는 산을 내려왔다.

다음 날 아침에 말뚝 표시를 한 곳을 찾아가 보니 매우 험한 산골이었다. 다시 한 번 장소를 확인하고는 집으로 돌아왔다. 먼저 아버님을 찾아뵙고 할아버지의 산소를 이장해야겠다고 말씀을 드렸다. 처음에 아버지는 어린놈이 무슨 소리냐는 식으로 대하다가, 사람도 나고 벼슬도 하는 좋은 자리가 있다고 말을 했다. 그래서 아버지와 둘이 그 장소에 묘를 썼는데, 나중에 과거에 급제를 하고 정승 벼슬까지 했다는 것이다.

_ 「한국구비문학대계」에서

경남 거창 지역에서 채록된 이 이야기는 인물 출생담과 관련이 있으며, 동시에 도깨비 자리가 명당임을 말하고 있다. 도깨비는 큰 인물이 될 사람에게는 두려움을 느낄 뿐만 아니라 그를 보호하려고 한다. 이 이야기에서도 정승이 될 학동에 대한 경외감의

한 표현으로 그를 명당 자리에 묻어주려고 한다.

도깨비터는 왜 부자가 되는 명당인가

이러한 생각은 전국적으로 널리 분포되어 있다. 물론 도깨비가 부를 가져다주는 능력을 지녔다는 것과 관련이 있을 수밖에 없다. 또 도깨비 이야기에서 사람들은 부자가 되기 위해 도깨비를 만나고 싶어 하고 도깨비가 부부의 연을 맺은 여성에게, 또 친구관계를 맺은 남성에게 부를 가져다주기도 한다고 했다.

이런 이야기 외에도 도깨비를 우연히 만나 명당 자리를 얻게 되어 부자가 되거나 높은 벼슬을 하게 되었다는 이야기도 적지 않다. 도깨비 이야기에서 명당 자리가 나오는 것은 아마도 풍수지리적인 요소가 도깨비 이야기에 반영되었기 때문으로 보인다. 이제 도깨비는 명당을 잘 보는 천재적인 지관이 된 것이다.

> 옛날에 판서를 하다가 낙향한 사람이 있었다. 정직하게 살다 보니 살림살이는 하나도 없고 매우 곤궁했다. 어느 날 부친상을 당했는데 곡식이나 돈이 없어 초상을 치를 수가 없었다.
> 할 수 없이 이웃 동네에 살고 있는 판서에게 도움을 청하러 갔다. 가는 도중에 판서집 하인을 만났는데, 그 하인이 인사치레로 어디를 가시느냐고 물었다. 판서는 부친상을 당

했지만 돈이 없어 초상을 치를 수 없기 때문에 너의 주인에게 돈을 꾸러 가는 길이라고 말했다. 하지만 그 하인은 그 집에 가도 도움을 받을 수 없을 거라고 말하면서, 무엇이 필요한지 물었다. 판서는 곡식과 베, 그리고 약간의 돈이 필요하다고 말했다. 하인은 말을 듣고는 집에 돌아가 계시면 갖다드리겠다고 하고는 사라졌다. 판서는 의심스럽기는 했지만 그러마고는 집으로 돌아갔다. 저녁이 되어 그 하인은 판서가 말한 품목들을 마당에 내려놓고는 물었다.

"더 필요한 게 있으십니까?"

"더 필요한 것은 없고, 장사를 치르려면 상여꾼이 있어야겠는데……."

그렇게 말하자 하인은 상여꾼들은 제가 부를 테니 걱정하지 말라고 하고는 사라져버렸다. 그런데 궁금한 것은 이 하인이 꼭 밤에만 나타난다는 것이다. 처음에 판서는 아무 생각 없이 넘어갔지만, 그것이 매우 궁금해졌다.

발인이 되어 상여가 나가야 하는데, 새벽부터 기다려도 그 하인은 나타나지 않았다. 그러다 한밤중이 되어서야 사람들을 데리고 나타났다. 판서는 낮에 상여가 나가야지 밤에 어떻게 나가느냐고 물었지만 그 하인은 막무가내로 지금 나가야 한다는 것이다. 그래서 판서는 장지가 어딘지 알려주었다. 그러자 그 하인은 함께 온 사람들을 시켜 상여를 메게 했는데 이들이 어디론가 사라져버렸다.

판서는 그제야 이 하인이 사람이 아니라 도깨비라는 것을 깨닫게 되었다. 아버지 시신을 메고 어디로 갔는지는 모르니 잃어버린 것은 아닌가 해서 발만 동동 구를 뿐이었다. 그렇게 걱정을 하고 있는데, 삼 일 뒤에 도깨비가 나타나서 대감을 부르는 것이었다. 판서는 어찌나 반가운지 맨발로 뛰어나왔다.

"아, 네가 왔구나. 장사는 잘 지냈느냐? 장지로 갔느냐?"

도깨비는 아무 걱정 하지 말라고 하면서 삼 년이 지나면 모시고 갈 테니 지금은 찾을 생각을 하지 말라고 하였다. 그렇게 말하고는 바람처럼 사라져버렸다.

삼 년이 지났다. 약속대로 도깨비가 대감을 찾아왔다. 대감은 반갑게 맞이하면서 어디에 산소를 썼는지 물었다. 도깨비는 저를 꼭 잡고 계셔야만 갈 수 있습니다, 하고는 바람과 같이 휙 날아갔다. 도착해서 보니 60호 정도가 살고 있는 마을이었다. 도깨비는 마을 한복판에 묘를 쓴 것이다.

판서는 주막에서 하루를 자고 다음 날 마을 사람들에게 부친의 묘를 가리키며 "누구의 묘인지 참 좋은 묏자리에 썼군요."라고 말했다. 마을 사람들은 펄쩍 뛰며 누구도 묘를 쓸 수 없는 곳인데 삼 년 전에 무슨 일인지 하룻밤새 묘가 만들어져 이상스럽다고 말했다. 확인하기 위해 묘 주위로 가기만 하면 무엇에 홀려 쫓겨 내려오곤 해서 얼씬도 하지 않는다는 것이었다.

대감은 마을 사람들에게 내가 한 번 올라가볼까 하면서 묘 근처로 다가갔다. 마을 사람들은 무슨 변괴가 생기면 어떡

하려고 그러냐면서 말렸지만, 대감이 묘로 다가가도 아무 일이 생기지 않았다. 자세히 보니 봉분이나 상석 등도 너무나 잘 되어 있었다. 칠 년 뒤에 대감은 다시 영의정으로 등용되는 영광을 얻었는데, 이 모두가 묘를 잘 쓴 덕분이라고 한다.

이 이야기는 도깨비가 명당에 부모의 묘를 써주었기 때문에 벼슬을 할 수 있었다는 내용이다. 판서가 영의정에 복직할 수 있었던 이유는 청빈하다는 사실밖에 없다. 도깨비가 판서를 도와주게 된 이유도 바로 이 점 때문이며 도깨비는 후원자적인 성격을 띠고 있다.

도깨비는 부신성을 갖고 있는 존재이기는 하지만, 여기서는 명당을 볼 수 있고 청빈한 선비를 도와주는 인물로 나타난다. 명당을 볼 수 있는 능력은 원래 도깨비의 능력은 아니었다.

또 도깨비는 유교적인 윤리와 가치관을 지니고 생활하는 사람을 도와주는 존재로 나타난다. 판서가 가난한 생활을 하고 있다는 점은 관직에 있을 때 사리사욕을 채우지 않고 성실하게 직분을 지켰다는 것을 보여준다. 주인공이 탐욕에 물들지 않고 자신의 일에만 충실했다는 것은 나라와 백성을 위할 줄 아는 인물임을 드러내는 것이다. 그런 인물을 도깨비가 도와준다는 것은 바로 민중적인 시각이 무엇인가를 잘 보여주는 것이다.

하층민에게도 도깨비가 나타나 명당을 잡아준다는 이야기도 있다. 이런 이야기는 궁핍한 삶에서 벗어나고 싶은 하층민들이 심리적인 위안을 얻으려고 만들었을 가능성이 높다.

옛날 어느 마을에 김 서방이 살고 있었다. 김 서방은 부모
가 주신 재산이 넉넉해서 먹고사는 데 큰 걱정이 없었지만
술과 노름에 빠져 집까지 남의 손에 넘어가게 되었다. 돈이
있을 때는 친구도 많았으나 돈이 떨어지자 김 서방과 술을
먹자고 하는 친구가 한 명도 없었다. 그제야 김 서방은 먹
고사는 것이 힘들게 되었음을 알게 되었다.

친구도 없고 먹고살기도 어려워지자 김 서방은 차라리 산
속에 들어가 맹수들의 먹이가 되는 것이 낫다고 생각했다.
그래서 인적이 없는 깊은 산속으로 들어갔다. 그러고는 죽
으려고 벼랑 위에 서 있는데, 별안간 도깨비나 한 번 불러
보고 싶어졌다.

목청이 터져라 도깨비를 불렀는데, 그 소리를 들었는지 어
디선가 홀연히 도깨비가 나타났다. 그러더니 편안하게 쉬
고 있는데 왜 불렀냐고 물었다. 김 서방은 도깨비가 진짜
나타날 줄은 생각도 못했기 때문에 깜짝 놀랐다. 그러나 이
내 마음을 잡고는 침착하게 말했다. 내가 죽으려고 작정했
는데 혼자 죽기가 무섭고 해서 너와 같이 죽으려고 불렀다
고 하였다.

그 말을 들은 도깨비는 웬 미친놈인가 하면서도 진짜 같이
죽으려고 할까 봐 겁이 났다. 도깨비는 김 서방을 살살 달
래기 시작했다. 왜 죽으려고 하느냐, 내가 잘살게 해주면

될 것이 아니냐고 하면서 말이다.

그 말을 들은 김 서방은 이왕 죽으려는 마당에 무슨 말을 못할까 싶어 자기를 부자로 만들어주면 좋겠다고 했다. 도깨비는 기가 막히기도 했지만, 그냥 부자로 만들어주기보다는 자기에게 호의를 베풀면 해줄 요량으로 개 두 마리를 구해오면 그렇게 해주마고 약속했다.

그 길로 산을 내려온 김 서방은 친구를 찾아 부탁을 해서 겨우 개 두 마리를 구해올 수 있었다. 산으로 올라온 김 서방은 다시 도깨비를 불렀다. 도깨비에게 개를 주고는 네 부탁을 들어주었으니 너도 내 부탁을 지켜야 한다고 다짐을 받았다. 도깨비는 개고기를 맛있게 먹고는 김 서방에게 집으로 내려가라고 하였다. 하지만 김 서방은 그럴 수 없었다. 부자도 되지 않은 상태로 갈 수가 없었기 때문이다. 그런 김 서방의 마음을 읽었는지 도깨비는 걱정 말고 집으로 가라고 하면서 내가 네 아버지의 묏자리를 잡아줄 테니 지금 아버지를 모신 묘가 어디 있는지 가르쳐달라고 하였다. 김 서방은 묏자리를 가르쳐주고는 집으로 내려왔다. 며칠이 지났는데도 아무런 소식이 없자 김 서방은 산속으로 들어가 다시 도깨비를 불렀다. 도깨비가 나타나자 김 서방은 묏자리를 어디에 썼는지 가르쳐주어야 할 것이 아니냐고 따졌다. 도깨비는 깜박 잊었다면서, "네 아버지의 묘는 강원도 일주명창 질주명창 호랑당창에 모셨으니 찾아가봐라." 하고 말했다.

김 서방은 그 길로 강원도를 향해 떠났다. 하지만 도깨비가 가르쳐 준 일주명창 질주명창 호랑당창이라는 곳을 찾을 수가 없었다. 며칠 동안 명당이라고 알려진 산속을 헤맸지만 찾지 못했다.

하루는 산속 깊숙이 자리 잡은 한 마을로 들어갔는데, 초가집이 하나도 없을 정도로 잘 사는 마을이었다. 김 서방은 길가는 사람을 불러 일주명창 질주명창 호랑당창이란 곳을 아는지 물었다. 그 사람은 김 서방을 쳐다보더니 "이 마을 사람도 아닌데, 어떻게 아셨소. 여기가 바로 그곳이오." 하고 의심스러운 눈초리를 보냈다. 김 서방은 속으로 옳다구나 생각하면서 겉으로는 아무 내색 없이, 이곳이 좋은 명승지라는 소문을 듣고 찾아왔노라고 대답하였다.

마을을 한 바퀴 돌아보았는데, 마을에서 가장 큰 집에 무슨 우환이 있는 것처럼 보였다. 궁금하기도 해서 그 집으로 찾아가 하인을 불러 하룻밤 자고 가기를 청했다. 하인은 집에 우환이 있으니 다른 집을 찾는 것이 좋을 거라고 말했다. 하지만 김 서방은 오늘밤만이라도 이 집에서 자는 것이 소원이라고 해서 겨우 승낙을 얻을 수 있었다.

집으로 들어가 하인에게 무슨 일인가 물어보았다. 하인은 며칠 전에 불한당 같은 놈들이 이 집 가운데에 묘를 쓰고 사라져버렸는데, 주인이 매우 불길한 징조로 생각하여 드러누워 있다고 하였다. 저녁을 얻어먹고 궁금해서 그 묘로 가보았더니 돈 많은 부자들이 쓸 만큼 커다란 봉분에다 비석에도 금칠을 해서 너무나 화려했다.

겁에 질린 김 서방은 새벽같이 그 집을 나와 산으로 가서 도깨비를 불렀다. 도깨비는 묘를 잘 썼는데 왜 귀찮게 하느냐는 식으로 퉁명스럽게 대꾸를 했다. 김 서방은 남의 집 한가운데 묘를 쓰면 나보고 어찌 성묘를 하라는 것이냐고 닦달을 했다. 도깨비는 "그 집뿐 아니라 그 동네도 모두 네 것이 될 것이니 걱정할 필요는 없어."라고 했다. 김 서방은 돈도 없는 내가 어떻게 땅을 사느냐고 하였다. 그 소리를 들은 도깨비는 휙 사라지더니 어디선가 돈보따리를 들고 나타났다. 그러더니 "이 돈으로 땅을 사시게." 하고 말하는 것이었다.

김 서방은 그 돈을 갖고 다시 마을을 찾아갔다. 지난번에 들렀던 부잣집은 아무도 살지 않아 사람에게 물어보니 불길해서 다른 마을로 이사를 갔다는 것이었다. 헐값으로 그 집을 산 김 서방은 주변의 논과 밭을 조금씩 사들였다. 한 해가 지나자 가뭄이 들어 농사를 망친 사람들이 많아졌다. 그때 김 서방은 도깨비가 준 돈으로 땅을 모두 사버려 부자가 되었다고 한다.

이 이야기에서 도깨비는 노름꾼을 부자로 만들어주었다. 도깨비 때문에 부자가 된 사람들은 대개 동네 사람들과 화목을 이끌어내거나 도박 등과 같은 과거의 버릇을 고치게 된다. 도깨비가 아무나 도와주는 것은 아니라는 것이다. 즉, 도깨비가 비록 과거에는 그렇지 않았지만 새롭게 인격화된 인물로 태어날 수 있는 사람을 도와준다는 것은 도깨비를 신적 능력을 지닌 존재로 여기고 싶은 것이다.

도깨비는 뛰어난 지관?

이들 이야기 속에서 도깨비는 인간에게 놀림을 당하거나 쫓겨나지 않는다. 오히려 사람에게 부를 가져다주거나 입신양명할 수 있도록 명당 자리를 정해주는 탁월한 지관 역할을 한다.

명당과 관련된 인물 이야기로는 무학대사를 비롯하여 남사고나 도선 등이 대표적이다. 이들은 도술적인 능력을 가졌을 뿐 아니라 풍수지리에도 밝다. 하지만 도깨비는 전혀 다르다. 도깨비는 음귀적 속성을 지닌 존재로서, 부를 가져다주는 능력의 소유자다. 그런데도 이런 이야기 속에서 명당을 알고 있는 존재로 묘사되는 것은 도깨비가 부의 생산만을 맡고 있는 것이 아니라 부를 가져다줄 수 있는 원천으로, 풍수지리에도 뛰어난 능력을 가지고 있다고 생각되었던 것이다.

우리나라 사람들은 예로부터 명당이 한 집안의 흥망성쇠를 좌우한다고 믿어왔다. 출세뿐 아니라 부의 확대도 명당을 통해서 얻어진다고 생각한 것이다. 그 모든 것을 일시에 해결해줄 수 있는 존재가 도깨비라는 사실은 매우 흥미로운 일이다.

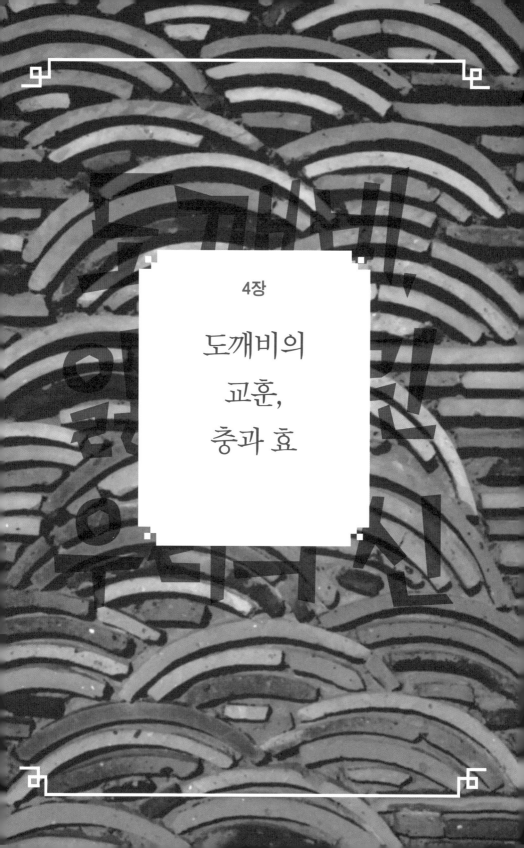

4장

도깨비의
교훈,
충과 효

도깨비는 이야기 속에서
어떤 역할을 맡고 있나

도깨비 이야기의 가장 큰 특징은 '도깨비방망이 얻기'만 빼고는 모두 경험담이라는 것이다. 그런 점에서 도깨비는 상상의 존재라기보다 사람들의 경험 속에서 형상화된 존재로 볼 수 있다. 도깨비의 성격이나 능력, 그리고 남성인가 여성인가의 문제들도 이야기 속에서 드러나듯이 도깨비의 본질이나 역할 또한 도깨비 이야기 속에서 찾아야 한다.

신인가, 사람인가

'도깨비 만나 부자 되기', '도깨비와 씨름하기' 등에서 볼 수 있듯이 도깨비가 인간적인 모습에 근접할수록 도깨비의 능력은 뚜렷하게 낮아지고 있음을 알 수 있다. 사람들에게 배신당하고, 씨름에 지고, 화를 낸다는 것이 고작 동네방네 돌아다니며 욕을 하는 정도다. 그야말로 순진하고 어리숙한 존재로 묘사되고 있다.

반면에 '도깨비방망이 얻기'에서는 도깨비에게서 인간적인 모습을 거의 찾을 수 없다. 인간적이기보다는 신적인 속성을 더 가지고 있다. 물론 주인공이 개암 열매를 깨물 때 집이 무너질까 두려워 도망을 치는 모습이 그려지기는 하지만 그것은 주인공이 방망이를 얻을 수 있도록 하기 위한 장치에 불과하다. '도깨비방망이 얻기'에서 도깨비는 인간과 어떤 교류를 갖기 위해 나타난 것이 아니라 인간을 심판하는 신의 모습을 띠고 있다. 도깨비는 자신들이 직접 보거나 확인하지 않았으면서도 착한 사람과 나쁜 사람을 판단하고 상과 벌을 주는 심판자로서 역할을 하고 있다.

이러한 성격 이외에도 구연자들이 도깨비라는 존재를 통해 이야기의 주제를 명확히 하려는 의도가 있었을 가능성도 생각할 수 있다. 그러나 '도깨비방망이 얻기'의 본 주제를 드러내는 데 결정적인 역할을 하는 것은 도깨비가 심판자의 위치에 있다는 것이다. 김흥규 교수는 판소리에서 「흥부전」의 제비, 「심청전」의 용궁, 「옹고집전」의 도승(道僧) 등을 "초자연적 심판자의 한 형상"으로 제시한 바 있는데, '도깨비방망이 얻기'에서 나타나는 도깨비도 이러한 범주의 역할을 수행하고 있다고 평가된다.

'도깨비방망이 얻기'에서 도깨비가 신적인 속성을 보여주었다면 '도깨비 만나 부자 되기'에서 인간적 속성을 많이 보여주고 있다. 그리고 '도깨비에게 홀리기'에서는 귀신적인 속성이 강해 인간에게 공포의 대상으로 여겨진다.

'도깨비와 씨름하기'에서 도깨비는 인간과 동등한 관계에 있음을 보여준다. 도깨비 본래의 속성인 신격적인 성격을 상실했음을 알 수 있다. '도깨비 만나 부자 되기'에서는 '도깨비와 씨름하기'와는 달리 인간보다 우월한 면을 갖추고 있는 신으로서 모습을 그래도 지니고 있다. 그러나 '도깨비방망이 얻기'에서는 인간이 도깨비를 쫓아낼 수 없을 뿐만 아니라, 도깨비가 인간의 심성이나 행위를 심판하는 존재로 나타난다. '도깨비에게 홀리기'는 '도깨비방망이 얻기'보다 신격적인 위치가 약화되기는 했지만 인간을 홀려서 고통을 주고 있다.

도깨비는 그렇다면 어디에 위치하는 존재인가

이러한 도깨비의 존재 위치와 능력, 행위 등을 볼 때 도깨비의 역할도 이야기에 따라 차이를 보인다. 방망이 얻기, 홀리기, 부자 되기, 씨름하기, 이렇게 4가지 유형으로 도깨비의 존재와 능력, 역할, 인간과의 관계 등을 살펴보면 154쪽 표와 같다.

이처럼 인간적인 면이 강한 이야기일 경우 사건의 마무리는 인간이 주도하고 도깨비는 패배자가 된다. 그러나 반대로 도깨비가 신적 능력을 잘 보여줄수록 도깨비는 인간보다 월등한 능력과 위치에 있다. 특히 '도깨비방망이 얻기'의 경우처럼 도깨비 본래의 속성을 충분히 보여준다면 신의 능력까지도 지닐 수 있게 된다.

도깨비의 존재와 능력, 역할, 인간과의 관계

		씨름하기	부자 되기	홀리기	방망이 얻기
존재		인간적	인간적+신적	귀신적	신적
능력		씨름	신통력	홀리기	신적 능력
관계		대결자	친구, 부부	인간 대 귀신	인간 대 신
속성		도깨비 주도	도깨비 주도	도깨비 주도	인간 주도
이야기	발단	인간 승리	인간 승리	인간 패배	인간 심판
	결말				

인간 ◄─────── 중간 ───────► 신

이런 사실은 도깨비가 시대적으로 어떤 모습을 갖고 전해왔는가
하는 통시적 변천 양상과도 밀접한 관련을 맺고 있는 듯하다.

도깨비 이야기가 말하는
주제는 무엇인가

도깨비 이야기는 그냥 웃고 즐기자는 이야기일까, 아니면 어떤 교훈적인 내용을 전달하려는 의도로 만들어진 것일까? 오늘날 출판되고 있는 도깨비 관련 동화책은 대개 교훈적인 요소가 강하다. 전하는 이야기 가운데 민담으로 정착된 것은 교훈적인 면이 뚜렷하고, 경험담들은 도깨비가 강조되기보다는 경험자 자신의 능력을 과장하려는 경향이 높다. 도깨비 정도에 질 수 없다는 인간적인 욕구가 반영되기 때문이다.

여기서 도깨비 이야기의 주제를 살펴보면, 첫째는 유교적 실천 의지로서 교훈적인 내용, 둘째는 현실경험의 전달 의지로서 흥미성, 셋째는 실질적인 욕구충족 의지다.

도깨비 이야기에 나타난 교훈, 충효와 우애

도깨비 이야기 속에서 강조되는 교훈적인 내용은 유교적인 가치관이다. 특히 충효와 형제간의 우애를 강조하는 경향이 뚜렷하다. 이것은 조선의 건국이념과 밀접한 관련이 있다. 도깨비 이야기 중에서 이런 면모가 강한 것으로 '도깨비방망이 얻기'를 들 수 있다.

도깨비방망이를 얻는 과정을 보면 착하거나 효자인 사람만 성공하고, 불효자이거나 마음씨 나쁜 사람은 벌을 받는다. 권선징악으로 결말을 맺는 대표적인 이야기인데, 여기에서 주목되는 것은 주인공의 심성 표현이다. 시작부터 나무꾼이 효자임을 강조하고 있을 뿐 아니라, 개암나무 열매를 줍는 과정에서도 효자임을 암시하고 있다. "한 번을 벅벅 긁어내리니까, '아이, 이거는 이거 어머니 드려야것다.' 또 한 번을 긁으니까 '이건 우리 아버지 드려야것다.' 이라구서 줏었단 말이유."라는 대목이 그것이다.

①
그러구선, 인저 산골짜기 (……) 산골짜구니 가서 (……) 들어가서 (……) 나무를 하러 가서 (……) 땅에 떨어진 솔잎 가지들을 이렇게 긁어내니까,
"아이고, 요거는 나 먹어야것다. 아이고, 요기는 나 먹어야것다."
또 한 번 벅벅 긁으니까,

"아이, 요건 우리 동상들 줘야것다."

이건 거꾸로 한 거지 뭐야. 그저 어른부텀 줏어 섬겨야 하는데, 그래 한 번을 벅벅 긁어내리니까, '아이, 이거는 이거 어머니 드려야것다.' 또 한 번을 긁으니까 '이건 우리 아버지 드려야것다.' 이라구서 줏었단 말이유.

_ 「한국구비문학대계」에서

②

부모를 섬긴 맨처머이 깨금이 내러오걸래 아버지 준다카느, 그 부모 심긴다카는 그 정신, 정신이 좋았고, 뒤에 사람은 그 토째비한테 붙잽힌 원인이 저 묵는다 카걸래, 부모는 모르고 저마, 앞에 묵는, 챙기는 그는 정신이 있어서, 그 토째비한테 붙잽히 갖고 실컨 뚜러 맞고 삐거리 나오고, 그는 옛날에 그는 일이 있었는데 이 앞으로 너거들은 부모 심기는 그는 정신이 먼저 서야 될 끼라고 생각하고 있다.

_ 「한국구비문학대계」에서

③

하 이넘우 자식이야, 저 할배 심기고 저 할매 심기고 그래 한 사람을 줘디이, 이 넘우 자석, 지 묵고 내 묵고, 아 제집 주고, 자석 주고, 이놈우 자석, 좆이 열댓발이나 빠지거라, 뚜닥딱.

_ 「한국구비문학대계」에서

구연자들은 주인공이 왜 도깨비방망이를 얻게 되었는지 부연해서 설명한다. 마찬가지로 벌을 받은 사람 또한 왜 그렇게 되었는지 알 수 있도록 설명해준다. 이러한 부연된 설명은 이야기가 추구하고 있는 교훈적 요소를 효과적으로 전달할 수 있도록 하는 것이다.

①과 같은 경우는 구연자의 생각을 표현한 것이지만 ②와 ③은 구연자가 도깨비 입장에서 말하는 방식을 취한다. 흥미로운 것은 도깨비가 불효자를 야단치는 대목이다. 불효자를 징벌하는 심판자로서 도깨비를 등장시킨 것은 도깨비가 단순한 존재가 아님을 보여준다.

도깨비가 사람들과 어울리기도 하고 재물도 가져다주고 장난도 치지만 또한 효를 실천하도록 만드는 신적 존재로 등장하고 있는 것은 삼국시대에도 역시 유교가 전래되어 우리나라에 영향을 끼쳤던 것이다. 특히 조선시대에 들어와 충효 사상은 도깨비의 성격에 큰 영향을 주었다.

'도깨비방망이 얻기'의 원형으로 생각되는 '방이설화'는 형제간의 우애가 주제다. 그래서 방이설화에 등장하는 주인공들이 원래 형제였을 가능성이 높다. 또한 국문학계에서는 방이설화가 형제간의 우애를 강조하고 있다는 점에서 「흥부전」의 선행 설화로 보고 있기도 하다.

도깨비의 징벌로 야기된 성 이야기, 그것이 만들어진 이유

교훈적 주제를 지녔던 '도깨비방망이 얻기'는 다시 결말부에 성기 관련 설화를 첨가시키게 된다. 이런 현상은 왜 일어난 것일까? 교훈적인 이야기를 왜 교훈과 무관한 성적 흥미를 확장시키는 내용으로 전개시킨 걸까? 자못 흥미로운 일이 아닐 수 없다.

이것에 대해서는 조선시대 후기 서민문학이 흥성했던 당시의 상황과 결부시켜 생각해볼 수 있다. 농민들에 의해 모내기와 김매기 등과 같은 농사와 관련해서 불렸던 다양한 민요 속에 성적인 흥밋거리를 삽입시켰다는 점, 그리고 중인 계급에 의해 향유되었던 사설시조 속에 진탕한 성적 묘사가 직설적으로 표현되고 있는 등 문학 현상에서 찾아볼 수 있는 성적 관심과 밀접한 관련이 있는 것이다. 성적 관심을 이야기로 만드는 일반적인 경향과 무관하지 않다.

당대 서민들의 생활을 바탕으로 자신들의 삶을 진솔하게 묘사하고 특히 성관계에 대해 깊은 관심이 이야기로 전승되거나 기록되는 과정이 있었던 것이다. 이런 일반적인 경향에 힘입어 남녀간의 성기의 크기를 과장하여 흥미에 치중하는 내용으로 변화되었던 것은 당연한 결과였을 것이다.

다른 한편으로는 조선시대 후기에 와서 유교 덕목들이 실천적인 의미를 상실하게 된 사회적 현상과도 관련지어 생각해야 한다. 김학성 교수는 서민문학 속에 나타나는 섹스 관련 내용을 "지배계층이 강력히 지향하는 도덕률 및 그 윤리적 속박에 대한 저항"

으로 해석하고 있다.

19세기에 들어서 극도로 먹고살기 힘들어진 농민들이 민란을 빈번하게 일으킨다. 이러한 사건들은 유교의 가장 큰 덕목인 충의 붕괴를 의미한다고 해도 과언이 아니다. 충의 붕괴는 바로 효의 붕괴로 이어진다. 충남 지방을 중심으로 전승된 황팔도 이야기는 이를 잘 보여준다.

부여의 성주산 근처에 홀어머니를 모시고 살던 황팔도라는 효자가 있었다. 하루는 어머니가 시름시름 아프기 시작하였다. 인근 지역의 한의원을 찾아다니며 어머니의 병환을 고치기 위해서 노력하였으나, 누구도 그 병의 원인을 알아내지 못했다. 그래서 없는 재산을 털어 용하다는 한의원을 찾아갔더니, 그 병은 개 백 마리(또는 천 마리)를 먹어야만 나을 수 있다고 하였다.

하지만 황팔도 집안이 잘사는 편도 아니고 하루 먹고살기도 힘든 지경이라 개 한 마리 구하는 것도 어려웠다. 황팔도는 산신에게 치성을 드리는 방법밖에 없다고 생각하고 치성을 올리기 시작하였다. 백 일째 되던 날, 황팔도의 꿈에 산신이 나타나 너의 효성에 감복하였다고 하면서 호랑이 가죽과 둔갑책을 하나 주고는 사라졌다.

그다음 날 밤 황팔도는 가족들 몰래 호랑이 가죽을 뒤집어쓰고 둔갑책을 읽자 호랑이로 둔갑을 해버리는 것이었다. 그때부터 황팔도는 밤마다 호랑이로 둔갑하여 집 마당에

개를 한 마리씩 물어다 놓았다.

어느덧 개 구십구 마리를 구해 어머니께 드렸고 어머니의 병이 어느 정도 완쾌되어갔다. 이제 한 마리만 더 구해 드리면 어머니 병을 완전히 낫게 할 수 있었다. 황팔도는 밤이 되자 호랑이로 둔갑하여 밖으로 나갔다. 한데 밤이 되면 밖으로 나다니는 남편을 궁금해 하던 부인이 사랑방으로 들어가 가재도구를 온통 뒤지기 시작하였다.

한참을 여기저기 뒤지다가 부인은 황팔도가 숨겨둔 둔갑책을 발견했다. 이런 몹쓸 책이 서방을 홀려서 밤마다 밖으로 나다니게 하였다고 생각한 부인은 그 책을 아궁이에 넣어버렸다.

이 사실을 까맣게 모르고 있는 황팔도는 개를 한 마리 구해왔다. 그리고 다시 사람으로 둔갑하기 위해 책을 찾았으나 이미 아궁이 속에서 재가 되어버린 책이 있을 리가 만무했다. 하는 수 없이 황팔도는 호랑이 모습을 한 채 산속으로 들어갔다. 그날 이후부터 황팔도는 집 주위를 배회하면서 마을 사람을 만나게 되면 마치 하소연이라도 하는 듯 눈물을 흘리면서 으르렁거렸다.

하지만 호랑이인 상태로 지나다 보니 인성(人性)은 점차 사라지고 맹수로 변해가기 시작했다. 이제 맹수가 되어버린 황팔도는 조선팔도를 돌아다니며 사람들에게 피해를 주게 되었다. 어느 지역에서는 소를 잡아먹고, 심지어는 사람까지 해치는 등 온 나라가 호랑이의 공포로 휩싸이게 되었다.

하는 수 없이 왕은 호랑이를 잡는 사람에게 큰 포상을 내리겠다는 방을 붙이라고 명했다.

그러자 전국에서 내로라하는 포수들이 호랑이를 잡으려고 모여들었고, 관에 소속된 포수까지 동원되었다. 여러 달 동안 피해를 주던 호랑이는 성주산 근처에 잠복해 있던 관포수에게 사살되었다. 그때 흘린 핏자국이 성주산의 바위에 묻어 있다고 한다.

황팔도 이야기는 일반적인 효행담과 달리 실패로 끝나는 유일한 이야기다. 다른 효행 이야기는 대개 하늘이나 호랑이 등이 도와줌으로써 효를 완성한다. 그러나 황팔도는 효자이면서도 효를 완성시키지 못한 채 죽는다. 조선시대에 전승되던 이야기인데도 말이다.

이것을 어떻게 설명할 수 있을까? 이 이야기는 조선 말기에 회자되던 이야기로 알려져 있다. 당시는 농민의 난뿐만 아니라 동학혁명의 소용돌이 속에서 한반도가 흔들리고 있었다. 특히 동학군을 진압하기 위해 일본군과 청군이 한반도를 좌우하던 때라 왕에 대한 충의 의미도 흔들리는 상황이었다.

이런 상황에서 황팔도 이야기가 민중들의 입에서 입으로 전해지고 있었다. 이는 국가적으로 내세웠던 정신적 기반이 흔들리고 있었음을 알 수 있다. 그런 점에서 효를 민중들에게 전파하는 수단으로 이야기되던 '도깨비방망이 얻기'도 다른 형태로 이야기가 만들어지게 된 것이다.

이제는 유교적 도덕 형태를 민담의 중심 주제로 삼기보다는 일반인들의 흥미를 자극할 수 있는 내용을 구연하게 되었다. 그것이 민담의 생명을 유지시키는 중요한 역할을 하게 된 것이다. 조선 말기에 와서 교훈적인 이야기가 변화를 겪게 되는 것은 자연스러운 시대의 흐름이었던 것이다.

도깨비 이야기를 통해 현실의 궁핍을 위안 삼는다

도깨비 이야기의 주제 가운데 가장 중시되는 것은 현실적인 궁핍에서 벗어나기 위한 장치로 도깨비를 활용하고 있다는 점이다. 그런 점에서 도깨비를 상대하는 인물들은 대개 하층민들이다. 사대부나 사회적으로 일정한 지위와 부를 차지한 사람들은 도깨비의 상대역으로 등장하지 않는다.

이 사실은 도깨비 이야기가 생겨난 이유를 밝히는 데 중요한 실마리를 제공한다. 도깨비를 상대한 사람들이 하층민인 이유는 무엇일까? 그것은 도깨비가 사회적으로 억압을 받아왔던 계층의 현실적인 불만을 대리만족시켜 줄 수 있는 존재로 생각되었기 때문이다.

도깨비를 만나 벼락부자가 되었다는 사람들의 이야기가 사람들의 입에서 입으로 전해지고, 또는 도깨비와 씨름을 해 이긴 것은 탁월한 능력을 말하려는 의도가 숨어 있다. 도깨비가 사람들과 별반 차이가 없지만 재물의 생산 능력은 뛰어나다고 생각해왔기 때문이다. 현재는 찾아보기 어렵지만, 제주도에서는 도깨비를 가신(家神)의 하나로 모셔왔다. 또한 갯벌을 생활터전으로 삼았던 어민들에게 풍어를 가져다주는 신으로 여겨졌다. 이처럼 도깨비를 신으로 모시는 신앙행위는 집단적인 형태가 아니라 개인적으로 전승되어왔다.

결국 민간에서 전승되던 이야기뿐 아니라, 개인 신앙적인 대상으로 도깨비가 좌정할 수 있었던 근본적인 이유는 바로 도깨비의 부신성, 즉 재물을 가져다주는 능력이 탁월했기 때문이다. 이런 모습을 잘 보여주는 이야기로 '도깨비 만나 부자 되기'를 들 수 있다. '도깨비 만나 부자 되기'에 등장하는 인물들은 대개 가난한 사람이다. 여자의 경우는 빈곤한 생활에 허덕이는 과부다. 남자들도 크게 다르지 않다. 심지어 삶에 너무 시달린 나머지 죽으려고까지 한다.

17세기 이후 농민들의 삶을 대표할 수 있는 것은 핍박과 궁핍이다. 철종 13년(1862)에 일어난 진주민란 등 일련의 사건들은 그들의 삶이 얼마나 어려웠는가를 엿보게 한다. 이와 같은 억압 속에서 사람들의 마음을 풀어줄 수 있는 것은 무엇인가? 그것은 바로 꿈이라는 이상 속에서 자신들의 현실을 벗어나고자 하는 욕망에 다름 아니다.

현실을 벗어나고, 궁핍과 굶주림, 그리고 고통으로 얼룩진 삶을 잠시라도 잊기 위해 우리의 조상들은 이야기를 이용하였던 것이다. 이야기 속의 주인공이 되어 현실적 궁핍에서 해방되는 달콤한 꿈에 젖어들었다. 도깨비는 이런 꿈으로 인도하는 훌륭한 주인공이었고, 도깨비와 일정한 관계를 맺고 부자가 되는 것이 이야기 속에서는 가능했던 것이다. 이부영 선생은 도깨비를 통해 투사된 심리를 이렇게 설명했다.

> 도깨비방망이의 무궁무진한 신통력, 자신의 모습을 감출 수 있는 도깨비감투의 희한한 능력은 사람이라면 누구나 가지고 싶어 하는 능력이다. 그러므로 도깨비는 인간 욕구의 표현이라고 볼 수 있다. 도깨비가 여자를 특히 탐내는 경우가 있으니, 이는 성적 욕구의 표현이며, 도깨비의 신통력은 이런 욕구를 환상적으로 충족시키려는 데서 나온 것이라고도 할 수 있을 것이다.
>
> _ 이부영, 『한국의 도깨비』에서

도깨비의 신통력이 바로 인간이 바라는 욕망이라는 것이다. 그러나 여자를 탐내는 도깨비를 성적 욕구의 표현으로 본 것은 무리가 있다. 오히려 보상심리를 얻기 위한 교환관계로 해석하는 것이 적절하다. 즉, 여자는 육체를, 남자는 음식을 제공하고 도깨비는 부를 가져다주는 것이다.

인간과의 관계 설정은 도깨비에 의한 것이 아니라 사람들이 만든 관계다. 특히 도깨비와 맺는 관계는 하층민들에게는 카타르시스를 가져다준다. 그것은 현세적인 궁핍을 해소시킬 수 있는 장치이기도 하지만, 본질적으로는 자신들이 원하는 상상의 세계를 완성시켜주는 것이기도 하다. 이러한 관점에서 도깨비는 순전히 하층민들의 점유물인 것이다. 말하자면 도깨비는 하층민이 만들어낸 민담의 중요 인물이자 문제적 인물로 평가한다 해도 과언이 아닐 것이다.

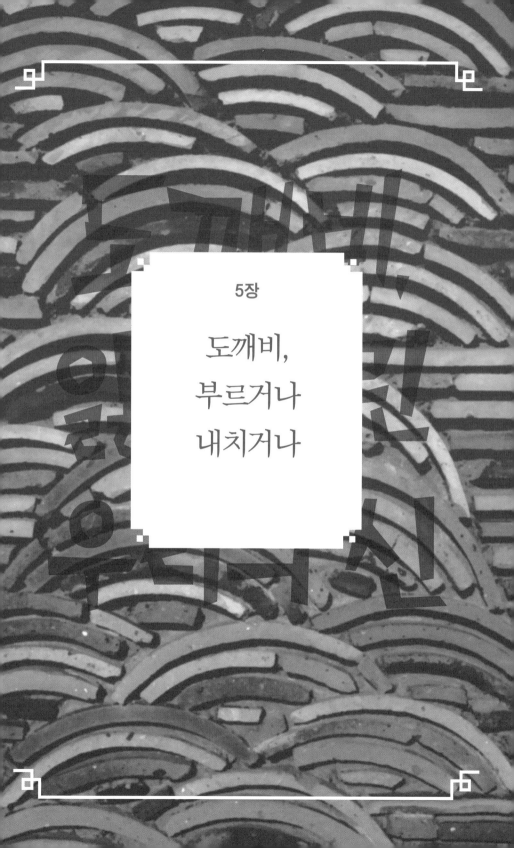

5장

도깨비,
부르거나
내치거나

1 고기를 많이 잡게 해주는
도깨비 제사

도깨비는 크게 보면 두 가지 형태로 존재한다. 하나는 재물 등 부를 가져다주는 존재로, 다른 하나는 병을 가져오는 역신으로 존재하는 것이다. 앞에서 도깨비는 산과 얕은 바다에서 산다고 했다. 여기서는 바다에서 사는 도깨비를 사람들이 어떻게 생각했는지 보자.

풍어를 기원하는 도깨비고사

어민들은 바다에 사는 도깨비를 고기를 몰아다주는 신격적인 존재로 여긴다. 그렇기 때문에 어민들은 도깨비에게 고사를 지내왔다.

먼저 전라남도 무안의 해제 지방에서 전해오는 어장고사를 알아보자.

어장고사는 풍어를 위해 도깨비에게 지내는 고사다. 일명 덤장고사, 대발고사, 도깨비고사, 개맥이고사라고도 한다. 고사의 장소는 자기가 설치해놓은 어장이 있는 해변에서 어장을 향해 지낸다. 주로 매달 새 물이 들어오는 서무샛날(12일, 27일), 열무샛날(4일, 19일) 만조가 되는 초저녁 6~7시 무렵이다.

고사에는 어장 주인과 가족들만 참석한다. 먼저 짚으로 도깨비막을 만든 다음 진설(陳設), 헌작(獻爵), 재배(再拜)의 순으로 간단히 진행된다. 제물은 뱃고사보다는 규모가 작지만 일반적으로 돼지머리나 고기, 과일, 술, 떡, 정화수, 밥, 국, 생선에다 도깨비가 좋아하는 메밀떡을 준비한다. 고사를 지낸 뒤에는 메밀떡을 바다에 던져주면서 풍어를 기원한다. "물 건너 김 서방, 물 건너 김 서방, 물 건너 김 서방 내 그물 속에 고기를 넣어주게."라고 하거나 "꼬리가 크고 머리가 큰 고기는 모두 우리 그물 안에 들어오게 해주십시오."라고 한다.

어장고사도 뱃고사와 비슷한 금기가 있다. 먼저 고사를 지낼 때는 산고자나 상을 당한 사람, 개고기를 먹은 사람은 참석할 수 없다. 또 어장 주인이 고사를 지내러 가다가 잡인을 만나면 안 된다. 그리고 고사를 다 지낸 뒤에는 뒤를

전라남도 여천군 돌산읍 임포마을의 도깨비막.

돌아보거나 침을 뱉어서도 안 된다. 만약 뒤를 돌아보면 도깨비가 따라오고, 침을 뱉으면 도깨비가 자기를 괄시했다고 생각해 방해를 한다고 믿는다.

이러한 금기를 지키지 않았거나 고사를 잘못 지냈을 경우는 손(損)이 없는 열무샛날에 다시 고사를 지내야 한다. 왜냐하면 도깨비가 모래를 휘휘 뿌리거나 그물을 찢으며 상처가 난 고기를 그물에 넣는다고 믿기 때문이다.

_ 「내 고향 해제고을」에서

해제 지방에서 전승되던 어장고사, 또는 도깨비고사는 더 이상 전하지 않는다. 그래서 도깨비막을 보기란 하늘의 별 따기만큼 어렵다. 1998년에 전라남도 여천군 돌산읍 임포마을에서 한 번 본 적이 있을 뿐이다. 또 여천군 소라면 사곡리에서는 도깨비고사를 '진새고사'라고 하여 당산제가 끝난 뒤에 거리제 형태로 치러지는 것을 보았다. '진새고사'는 '진생원고사'라고도 하는데, 도깨비고사는 지역마다 이름이 다르다.

전라북도에서는 어장이 설치된 곳까지 배를 타고 나가 고사를 지낸다. 제물을 준비한 뒤에 고시레를 한다. 이처럼 제물을 차리는 장소는 일정하지 않다는 것을 알 수 있다. 어떤 사람들은 어장의 옆으로 가서 고사를 지내기도 하며, 어떤 사람들은 덤장이 보이는 갯가에 짚을 깔아놓고 제물을 차린다. 어장에 배를 타고 가서 고사를 지낼 때는 배가 흔들리기 때문에 큰절을 올리지 못하고 대신 목례를 한다. 목례가 끝나면 축원을 올리고, 그것이 끝나면 모든 제물을 어장 주위에 뿌리고 돌아온다. 갯가에서 할 경우에는 산물을 하고 남은 제물을 집으로 가져오기도 한다.

어촌 지방의 도깨비고사는 주로 서해안과 제주도에서 전승되고 있는데, 그 이유가 어로 방식과 관련이 있다. 서해안 지방은 갯벌이 발달되어 있어 갯벌을 중심으로 한 고정망 형태의 어로 방식이 일반적이다. 이 그물을 살이나 덤장이라고 부르기도 하는데 조선시대에는 쥬방렴이라고도 했다.

어민들은 갯고랑 등 고기가 잘 다닐 만한 길목에 그물을 설치한다. 그물은 T자나 W자 형태로 고기가 그물을 따라오도록 설치하며, 맨 끝에는 불통이라고 하는 그물을 단다. 썰물 때 불통만 던져 고기를 턴 뒤 다시 바다에 넣는다. 이러한 그물은 재수가 좋으면 고기를 많이 잡을 수 있지만, 한 마리도 잡지 못할 때도 있다. 그래서 사람들은 고기를 몰아주는 신을 모셔서 풍어를 기원하게 되었다. 물론 이때 모셔지는 신은 대개 도깨비다.

전라남도 신안에서 조사된 도깨비 이야기를 보자.

어장을 하는 김 서방이 고사를 지낸 뒤 고사 음식을 먹으려고 하는데, 장승만한 사람이 곁을 지나갔다. 혼자 먹기도 심심하고 해서 그 사람을 불러 음식을 나누어주었다. 그랬더니 그다음 날부터 이상하게 고기가 많이 잡히기 시작하였다. 김 서방은 이것이 필시 사람이 아니고 도깨비였다는 것을 깨닫게 되었다. 아무도 살지 않는 그곳에 사람이 지나갈 리 만무했기 때문이다. 그래서 매달 보름만 되면 도깨비를 위해 고사를 지냈는데, 얼마 안 가서 큰 부자가 되었다.

도깨비는 고사밥을 얻어먹으면 그만큼의 대가를 준다. 하지만 자신을 잘 대접하지 않으면 배신을 당했다고 생각하고 고기를 쫓아버린다고 한다.

도깨비고사는 경기도 화성군에서 전라남도 신안까지 서해안 지역에서 주로 전승되었다. 지금은 도깨비고사를 지내는 곳이 드물다. 서해안은 고기가 거의 고갈된 상태라 매를 타고 멀리 가도 예전처럼 고기가 잘 잡히지 않는다. 그래서 덤장이나 살을 이용해서 고기를 잡는 사람들도 점점 줄어들고 있다. 먼 바다에 나가도 고기가 없는데 가까운 해안까지 고기가 오겠는가?

도깨비고사는 사람들이 도깨비를 바다를 관장하는 신적인 존재로 여겼다는 것을 보여준다. 그런데 바다에서는 용왕이 가장 중요하고 높은 신이다. 그래서 도깨비는 본격적인 신이라기보다 하위 신격으로 모셔졌다고 보아야 한다.

덤장고사에 대한 믿음은 매우 강했던 것으로 보인다. 지금은 덤장고사를 구경하기 어렵지만 예전에는 그렇지 않았다. 도깨비를 잘 모셔야 고기를 많이 잡을 수 있기 때문에 보름마다 고사를 올릴 정도로 정성이 지극했다. 뱃고사와 비교해보면 그야말로 엄청난 치성이다. 뱃고사는 명절인 설과 정월 보름, 추석, 그리고 첫 출어를 할 때 지내는데, 덤장고사는 이때뿐 아니라 한 달에 두 번씩 지냈다.

그런데 지금은 도깨비가 설 자리가 별로 없다. 사람들이 예전처럼 도깨비를 찾지도 않을 뿐더러, 기독교를 믿는 사람들이 사탄으로까지 몰아붙이고 있다. 도깨비는 이제 깊은 산속이나 먼 바다로 나가서 살고 있는지 모른다. 어민들에게 아직도 도깨비가 나타나는지 물으면 과거에나 나타났지 지금은 도깨비불도 찾아보기 힘들다고 한다. 도깨비고사도 지내지 않는데, 도깨비가 무어냐는 것이다. 그래서 도깨비는 이제 동화책의 주인공으로만 남게 될 것 같다.

뱃고사에 나타나는 도깨비 신앙

　마을공동체 신앙과 결부된 뱃고사일 경우는 보통 마을 제사가 끝나고 난 뒤에 치른다. 하지만 명절이나 첫 출어를 할 때는 자기 배에서만 고사가 치러진다.

　마을 신앙과 결부될 경우에는 길지(吉紙)를 상징하는 서낭을 모셔와야(서낭모셔오기) 하기 때문에 마을 제사가 끝난 뒤에 뱃고사가 치러진다. 이러한 뱃고사는 도깨비고사라기보다 자신의 배에 모셔온 서낭을 위한 고사라고 할 수 있다. 그러므로 도깨비고사의 성격은 산물이라고 하는 고시레 과정에서만 나타날 뿐이다.

　전북 부안군 계화면에서는 배에 차려놓은 제물을 먼저 뿌린 다음 도깨비가 좋아하는 메밀범벅을 뿌린다고 한다. 산물은 잡신들을 먹이는 것이지만 메밀범벅은 도깨비를 위한 것이다.

　뱃고사의 제물을 보면 다른 것은 몰라도 메밀범벅은 반드시 준비한다. 메밀범벅을 도깨비가 좋아하기 때문이다. 전남 무안 해제에서 조사한 바에 따르면 도깨비는 위장이 없기 때문에 음식을 소화시킬 수가 없다고 한다. 그래서 도깨비는 뿌려진 메밀범벅을 먹지 않고 냄새만 맡는다고 한다. 이 말이 사실이든 아니든 간에 도깨비가 메밀을 좋아한다는 것은 분명하다. 뱃고사뿐만 아니라 도깨비고사에는 항상 메밀범벅이 나오기 때문이다.

뱃고사의 메밀범벅 뿌리기는 덤장고사와 관련이 있는 것으로 보인다. 덤장고사 때의 축언 내용이나 뱃고사 때의 축언 내용이 별로 차이가 없기 때문이다. 두 경우 모두 도깨비를 참봉이나 첨지라고 부른다. 즉, "물 아래 참봉, 물 위의 참봉" 식으로 도깨비를 부르면서 메밀범벅을 뿌린다. 도깨비를 참봉이라 부르는 것은 도깨비를 일정한 품계에 올려놓고자 하는 민중 심리가 반영된 것이다. 바다에서 도깨비를 만나면 칼을 숫돌에 갈면서 "소인(小人)들이 있는데 왜 이렇게 난잡하게 하시냐."라는 식으로 도깨비를 올려 부르는 것도 이와 무관하지 않다.

또한 뱃고사에서 제물을 올리는 과정은 덤장고사의 제물드림 과정의 축소판으로 보인다. 그런 까닭에 뱃고사는 덤장고사의 영향을 받은 것으로 보인다. 축소된 이유는 뱃고사는 도깨비보다 서낭을 주신으로 삼고 있기 때문이다.

다음의 축원은 전남 여천군 소라면 사곡리 복촌마을의 '진생고사'에서 행해지는 것이다. 이 마을에서는 특이하게 당산제가 끝나면 그 마무리 과정으로 '진생고사'를 올리는데, 이때의 진생은 진생원, 즉 도깨비를 말한다.

전라남도 여천군 소라면 사곡리의 진생고사.

다름이 아니오라 오늘 우리 복촌 부락의 당산제사를 모시고 언제나 매년 행사인데 바다 진생님한테도 알려야겠다 싶어서 우리 정성을 모아서 우리 조상님을 비롯하여, 선생님한테도 잔을 드리고 저 바다에 있는 진생님한테도 고사하는 것이 우리 복촌 부락 뱃사람들은 어디로 가든지 통 풍파도 안 만나고 그곳에만 가면 고기들이 머리를 돌려 그물 안으로 들어와 매일 만선을 해주시기를 점지해주시기를, 이를 위해서 오늘 선창까지 나와서 이 정성을 드리는 것이니, 앞으로 일 년 열두 달 삼백육십오 일이 넘어가더라도 바다에서 아무런 사고 없이 우리 부락민들이 무사히 넘어가게끔 전지를 해주옵기, 이를 위해서 오늘 여기 잔을 드리는 것입니다. 감사합니다.

이 마을의 도깨비고사는 개인고사 성격보다는 마을제의 가운데 일부분이다. 왜 그렇게 되었을까? 배를 타고 나가는 어로 행위와 도깨비 신앙은 거리가 있다. 도깨비 신앙은 주로 갯벌 중심의 어로 행위를 하는 어민들에 의해서 전승되었기 때문이다. 그 흔적이 남아 있는 대목이 위의 축원문 중에서 선창에 나와 정성을 들인다는 부분이다.

도깨비고사는 덤장을 친 갯벌로 들어가거나, 해변에서 덤장을 향해 고사를 지냈다. 도깨비는 깊은 바다가 아니라 바로 갯벌을 펼쳐진 해변을 중심으로 활동한다. 도깨비 신앙은 이러한 도깨비의 생태와 결부되어 전승되어 왔다.

따라서 복촌마을의 도깨비고사는 – 예전에는 덤장을 치는 사람들이 도깨비막을 설치하여 고사를 드렸다고 하는데 – 마을제의의 한 부분으로 흡수된 것으로 보인다. 도깨비가 풍어뿐 아니라 풍요를 가져다준다고 생각했기 때문이다.

비록 마을제의로 흡수되었지만 원래 도깨비고사는 개인 고사의 성격이 강한 풍어기원 제의다. 즉, 개인적으로 갯벌에 덤장을 치고 고기잡이를 하는 사람들에 의해 행해진 제의 방식인 것이다.

점세속에 나타난 도깨비 신앙

점세속으로 하는 도깨비 신앙 형태는 도깨비불이 나타난 곳에서 고기가 많이 잡힌다는 속신에서 비롯되었다. 우리나라에서는 주로 서해안과 남해안 지방에서 행해졌는데, 현재는 거의 찾아볼 수 없다.

ㄱ) 서해안 지역의 도깨비불보기

서해안 지역의 도깨비불보기는 주로 덤장과 같은 고정망식으로 어로를 하던 어민들에 의해서 전승되어왔다. 하지만 위도와 같은 곳에서는 조기잡이가 한창인 정월 보름에 마을 제사가 끝난 뒤에 도제봉에 올라 도깨비불보기를 한다. 현재까지 전승되고 있는 도깨비불보기의 지역 한계는 충남 태안군 소원면 의항리로 알려졌으나, 1996년 충남 홍성군 서부면 판교리에서 조사하는 과정에서 황해도 지역에서도 행해졌다는 소리를 들은 바 있다. 주로 안강망을 하는 사람들이 정월 보름날 새벽 한 시에서 두 시 사이에 동네에서 제일 높은 산에 올라 도깨비불이 보이는 곳을 확인하는데, 이를 '불킨다'라고 한다.

도깨비불보기는 도깨비불이 가장 밝게 빛나는 섣달그믐, 즉 달도 없고 깜깜한 밤에 주로 한다. 대개는 도깨비불이 빛나는 곳에서 고기가 많이 잡힌다고 생각하는데, 돌살이나 덤장을 하는 곳에서는 도깨비불이 내려오다가 꺼진 곳에 고기가 많다고도 한다.

> 우리가 어렸을 때는 그런 일이 많았어. 저기 돌살 말인데,
> 불이 산 쪽에서 와서 돌살로 가더니 꺼지더라구. 그런데 도
> 깨비불이 사라진 곳은 재수가 좋다잖아. 그 돌살에서 고기
> 가 많이 잡혔지.
>
> _『한국의 도깨비연구』에서

이러한 경험담이 다른 지역에서도 똑같이 있는 것은 아니다. 일반적으로는 도깨비불을 본 곳에 덤장이나 살을 친다. 즉 일 년이 시작되는 섣달그믐날 밤에 도깨비불을 보러 가서 고기가 많이 날 곳을 확인하는 식으로 행해지기 때문이다. 전라북도 군산시 옥도면의 섬 지방이나 고창, 그리고 전남 지방에서도 이러한 도깨비불보기는 거의 거의 섣달그믐날에 행해진다.

섣달그믐날의 도깨비불보기는 설날에 뱃고사를 지내는 시기와 거의 같다. 즉, 그해의 풍어를 기원하는 뱃고사처럼 덤장이나 살

을 치는 사람들도 도깨비불로 고기가 많이 날 자리를 연초에 확인하는 것이다.

다만 전라북도 위도에서는 시기가 다르다. 그것은 조기잡이와 관련이 있다. 정월 초이튿날 행해지는 도제(마을 제사)를 지내고 나서 초사흗날에 도깨비불보기를 위해 도제봉에 오른다. 이때 도깨비불은 다음과 같이 나타난다.

> 고놈이(도깨비불을 말함) 나타나 사라지더니 하나가 빤닥빤닥하고 나타났지. 하나가 둘이 되고 둘이 넷이 되지. 또 넷이 여덟이 되고 그렇게 많아져요. 여기저기서 빤닥빤닥 빤닥 빤닥 빤닥빤닥 하다가 그놈들이 이렇게 물웅덩이(여)로 돌아와요. 그러다가 갑자기 불이 꺼져버리고는 사라져요. 그 물웅덩이에서 바로 조기가 엄청 잘 잡힌다고 하지요.
>
> _「위도의 민속」에서

도깨비불이 꺼지는 곳에서 조기가 많이 나온다는 속신은 도깨비불이 꺼진 자리, 또는 도깨비가 노는 자리에 집을 지으면 부자가 될 수 있다는 육지의 속신과 거의 같다. 도깨비불이 꺼진 자리가 바로 도깨비가 사는 곳이라는 속설을 믿는 것이다. 도깨비가 부를 가져다주니 도깨비가 사는 곳이 바로 부의 원천이라고 생각된 것이다. 이런 생각은 경남 지방에서 전승되고 있는 산망에서도 찾아볼 수 있다.

ㄴ) 경상남도 지방의 산망

경남 지방의 산망 풍속은 1970년대에 조사되었다. 정주근에 의하면 경상남도의 사량도나 욕지도 등의 도서 지방에서 전승되고 있다. 산망의 성격은 서해안에서 전승되고 있는 것과 거의 비슷한데 주로 멸치잡이를 하는 어민층이 산망을 한다. 산망이 행해진 시기도 섣달그믐날 밤이다. 따라서 서해안과 남해안에서 행해진 도깨비불보기는 섣달그믐날에 이루어지는 것이다.

경남 지방은 서해안과 달리 갯벌이 발달하지 않았는데도 산망 풍속이 전승되어왔다. 아마도 서해안에서 전승되던 풍속이 남해안으로 전파되었을 가능성이 높다. 도깨비의 활동 무대는 주로 갯벌이기 때문이다.

경남 지방에서는 방렴 형태가 최근까지도 전승되고 있다. 서해안에서도 초기에는 나무나 대나무를 이용해서 만들었겠지만, 그물이 발달한 이후에는 말뚝 이외의 나머지는 그물로 처리하는 방식을 취해왔다. 하지만 남해안은 물이 깊기 때문에 소나무 등을 이용한 방렴 형식을 취하고 있다. 이러한 방식은 조선시대에도 행해졌던 것으로 보인다.

따라서 남해안의 전 지역에서 산망 풍속이 있었을 가능성은 매우 높다. 일찍부터 이 풍속이 사라졌던 것은 일제 강점기 이후 이 지역으로 일본식 어로 방식이 유입되어 그물을 이용한 어로 형태가 발달되었기 때문일 것이다.

흥미로운 것은 동해안 지역에는 도깨비 신앙의 흔적이 거의 없다는 사실이다. 동해안 지역은 수심이 깊기 때문에 고정된 어장을 설치할 수가 없다. 또한 어전(魚箭)이 행해진 곳도 대개 하천을 중심으로 한 지역인데, 서해안의 갯벌과 달리 모래가 발달한 해안선이다.

역신으로 나타난 도깨비를
쫓아내는 굿

　도깨비굿은 개인을 위해서가 아니라 한 마을을 위해 치러졌을
가능성이 높다. 왜냐하면 돌림병이 한 번 번지면 개인이 문제가
아니기 때문이다. 조선시대 기록을 보면 이러한 돌림병은 괴질(怪
疾), 윤질(輪疾), 윤행질(輪行疾), 윤행시질(輪行時疾), 진질(疹疾), 여질(癘
疾) 등으로 불렸다. 돌림병은 주로 진성콜레라나 장티푸스, 천연두
였다.

　돌림병은 조선 후기에 가장 심했다. 피해가 가장 컸던 전염병은
숙종 25년(1699년)에 발생한 것으로 사망자가 전국적으로 약 25만
700명에 이르렀다. 조선시대에 발생한 돌림병 사례를 전라도 지
역만을 중심으로 보아도 그 피해가 엄청났음을 알 수 있다.

전라도 지역을 중심으로 살펴본 조선시대 돌림병 사례

발생연도	사망자의 내용
중종 21년(1526) 5월	全羅道 癘疫物故人 總一百四十二
명종 원년(1545) 6월	全羅道任實 癘疫熾發 死者甚多
명종 2년(1546) 5월	錦山等三官 癘疫熾發
명종 3년(1547) 4월	全羅道 癘疫熾發 物故三百五十九名
명종 4년(1548) 10월	見鎭安一縣 或染癘疫死亡
선조 10년(1577) 12월	以兩南癘疫熾發 人畜死亡 依兩界祭告例
선조 11년(1578) 2월	兩醫司 專爲救民而設 令者癘疫熾發 各道監司啓請 藥物 而不爲優數給送
선조 13년(1580) 3월	全羅道癘疫大熾
선조 36년(1603) 3월	全羅道內 癘疫及 大小疫 大頭瘟之疫大熾 加以下章 中暴死之人 無日無之
선조 36년(1603) 3월	全羅道癘疫大熾 命別遣近臣 致祭
선조 36년(1603) 3월	全羅道 長城等三邑 癘氣熾發 至有滅門者 遣醫官 賚 藥往救
현종 13년(1672) 4월	庚辛兩年飢荒 癘疫 板古所無 自辛亥至今春 癘疫熾 盛 二月以後 因饑病死者無數 咸鏡道七百餘人…… 全羅道四百三餘人……
현종 13년(1672) 6월	時癘疫又熾 八路人民死亡 多至三千餘人
영조 7년(1731) 6월	諸道以癘疫上聞……湖西始痛者爲一千五十 死亡者 爲三百七十人
영조 9년(1733) 4월	全羅道 癘疫又熾 興陽一邑 物故一百四十七人
영조 9년(1733) 7월	全羅道 癘疫熾 死亡二千八十一人
영조 18년(1742) 1월	命兩西 行癘祭時 兩西癘疫大熾 死亡相續 廟堂請別 遣香祝 行癘祭

돌림병을 없애기 위한 여제

돌림병 때문에 국가적인 제의를 지냈다. 『숙종실록』을 보면 봄과 가을에 여제(厲祭)를 지냈다고 한다. 하지만 돌림병은 계속 발생했다. 그래서 돌림병이 발생하면 각 마을에서 자체적으로 여제를 지냈다.

조선시대에 전라도 지역에서는 1년에서 3년을 주기로 여질이 발생했다. 조정에서는 의관과 약을 보내기도 하였고, 조정에서 파견된 제관이 여제를 이끌기도 했다. 그러나 중앙정부에서 보내 온 제관에게만 전적으로 의존할 수는 없었던 것으로 보인다. 특히 행정의 최말단인 리 단위의 마을까지 조정의 힘이 미치지 못한 것 같다. 그렇기 때문에 마을 주민들은 자체적으로 제관을 구성하고 여제를 지냈다.

현재도 강원도 산간 지역에서는 여역지신(癘疫之神)이 성황신(城隍神)과 함께 중요한 신격으로 여겨지고 있다. 강원도의 강릉시 왕산면 도마리의 경우를 보면 성황신, 토지신(土地神), 여역신(癘疫神)을 모시고 있으며, 각기 신들에 대한 축문도 따로 있다. 이외에 옥계면 도직리의 경우도 여역지신을 모시고 있는데, 이것은 과거에 이 지역에 있었던 큰 돌림병과 무관하지 않은 것으로 보인다. 그러나 여역지신을 모시지 않는 지역이라고 하더라도 축원을 올리게 될 때 질병과 관련한 기원은 언제나 있기 마련이다.

그런데 특이한 것은 진도와 순창에서만 도깨비를 역신으로 생각하고 도깨비가 제의의 대상신이 되었다는 점이다. 이 두 곳을 제외한 다른 곳에서는 도깨비를 역신으로 생각한 흔적을 찾아볼 수 없다. 다른 곳에서는 여제를 지냈어도 도깨비를 대상신으로 모시지 않았던 것이다. 진도와 순창에서 도깨비가 제의의 대상신으로 자리 잡게 된 것은 지역적인 환경의 차이로 생각된다. 진도나 순창에서도 처음에는 여역지신을 모시다가 도깨비가 역신으로 자리 잡은 뒤에 도깨비굿이 행해진 것 같다.

따라서 여제가 민간에서 자리 잡게 되는 과정에는 지역에 따라 민간 나름의 제의 형태로 바뀌기도 했던 것이다. 여제가 민간에 정착되었던 시기나 진도나 순창에서 도깨비가 역신으로 자리 잡게 된 시기가 언제인지가 궁금하다. 도깨비가 역신적인 존재로 자리 잡은 시기는 문헌 기록에 따르면 조선 초기에서 중기 사이로 짐작된다. 도깨비가 역신의 대상으로 마을 제의에 들어온 것은 조선시대로 보인다.

진도에서는 왜 도깨비굿이 행해지는가

진도에서는 언제부터인지 확실하지 않지만 도깨비를 병을 가져다주는 귀신으로 생각하고 이를 쫓아내는 도깨비굿이 전승되고 있다. 도깨비를 부를 가져다주는 존재가 아니라 병을 가져다주는 역신으로 이해하고 있다는 것은 매우 흥미롭다.

도깨비를 역신으로 생각하는 도깨비굿의 형태는 진도뿐 아니라 전라북도 순창에서도 전승되고 있다. 제주도에서도 비슷한 굿거리가 행해지고 있는데 전라도와 제주도를 이어주는 지역들을 중심으로 형성된 제의라고 할 수 있다. 각 지역의 도깨비굿은 행해지는 날짜나 제의 방식 등에서 차이가 있다.

진도의 도깨비굿은 1910년까지 전승되었다가 일제 강점기에 단절되었다고 한다. 진도문화원장이었던 조담화 선생 등에 의해 재현되면서 지금까지 전승되고 있다. 진도의 도깨비굿은 현재 음력 2월 초하룻날에 행해지고 있다. 그러나 이 제의는 남자들 중심의 제의와 여자들 중심의 제의로 나누어진다. 즉, 마을의 부녀자들이 주동이 되어서 행하는 도깨비굿 형태와 남성들에 의해서 이루어지는 유교식 제의인 도깨비제가 그것이다.

이러한 제의 방식 중에서도 부녀자들에 의해서 거행되던 굿 형태가 원형적인 모습을 갖고 있는 것으로 생각된다. 장주근 선생이 1960년대에 조사한 내용을 보면 남성 중심의 도깨비제보다는 여성에 의한 도깨비굿 형태만이 보고되고 있는 것도 이를 잘 보여준다.

내용을 보면 호열자 등의 돌림병이 돌면 여성들만 모여서 굿을 시작한다. 이때 긴 간짓대에 여성의 속옷인 중우를 거꾸로 씌우고 사람들마다 하나씩 든다. 이때 중우는 여성의 월경 피가 묻은 것을 주로 사용했는데, 그 이유는 도깨비가 월경피를 무서워한다는 속신 때문인 것으로 생각된다.

다른 사람들은 양푼이나 솥뚜껑 등을 들고 나온다. 중우대를 앞세우고 그릇이나 징 등을 두들기면서 마을의 집집마다 돌아다니며 도깨비를 쫓는 시늉을 한다. 이 굿을 행할 때 특징적인 것은 절대로 남성들이 참여할 수 없다는 것이다.

최근에 행해진 진도의 도깨비굿은 일정한 날짜에 치러지고 있고 도깨비굿이 끝나고 나면 남성들에 의한 도깨비제가 바로 연속된다. 내용을 간략하게 살펴보자. 음력 2월 초하룻날 마을회관에 부녀자들이 모여서 준비를 한다. 부녀자들은 얼굴을 가릴 가면과 징이나 꽹과리, 그리고 양푼 등을 들고 모인다. 가면은 각자가 집에서 만들어 온다.

저녁이 되면 출발하여 집집마다 돌아다닌다. 방문을 한 집에서는 꽃반에 쌀을 담아 내어놓으며, 굿패들은 부엌이나 외양간, 마루 밑 등을 간짓대로 쑤시면서 도깨비를 쫓는 시늉을 한다. 이것이 끝나면 한바탕 노래를 부르면서 놀다가 다음 집으로 향한다. 이것이 끝나면 마을의 삼거리인 바위내거리에 나와 제물을 차린 뒤에 절을 하고 고시레를 한다.

특히 재미있는 것은 제사가 끝나고 집으로 돌아갈 때는 불을 피운 곳을 뛰어넘어 간다고 한다. 이것은 부정을 타지 않게 하고 또 도깨비가 쫓아오지 말라는 뜻을 담고 있는 주술적인 행위라고 할 수 있다. 여성들에 의한 굿이 끝나면 사제각에 올라가 각 귀신들을 불러 사제각에 가두는 도깨비제가 행해진다.

도깨비굿은 도깨비를 병을 가져다주는 귀신의 일종이라고 생각했기 때문에 행해진다. 도깨비굿에 여성만 참여할 수 있는 것과 도깨비를 이용해서 부자가 된다는 이야기 속에서 여자가 도깨비를 배신한다는 것은 관련이 있는 것으로 보인다. 이야기 속에 나오는 여자는 도깨비를 이용해서 돈을 많이 벌었고 그 돈으로 땅을 샀는데 부자가 된 뒤에는 도깨비를 쫓아버린다. 이때 도깨비는 동네방네 다니면서 "여자는 믿지 못해." 하고 떠들고 다닌다는 것이다.

여성과 도깨비 사이에 대립 지점이 있기 때문에 여성이 도깨비를 가장 잘 쫓아낼 수 있다고 본 것이다. 특히 여성의 월경이 묻은 속옷을 간짓대에 꽂고 다니는 것은 그런 대립적인 면을 명쾌히 보여준다.

그렇다면 도깨비굿은 언제부터 했을까? 아주 오랜 옛날은 아닌 것 같다. 고려 말에서 조선 초에는 왜구들의 잦은 침탈로 섬을 비워두는 정책을 실시했다. 그래서 진도에는 약 87년 동안 사람이 살지 않았다. 그러므로 도깨비굿은 진도에 사람들이 들어온 세종 19년(1437년) 이후에야 가능했을 것이다. 특히 진도에는 삼별초의 난이나 진도가 비어 있는 동안 왜구들이 들어와 살면서 전쟁으로 죽어간 사람들의 무덤을 많이 만들었다고 하는데 이 때문에 귀신들이 많이 떠돌았다고 한다.

그래서 진도에서는 귀신을 쫓는 굿이 성행했던 것으로 보인다. 하지만 귀신을 쫓는 굿인데도 제의의 명칭을 도깨비굿이라고 한 이유는 무엇일까? 도깨비와 귀신은 엄연히 다른 존재인데도 말이다. 그러한 사실을 구체적으로 증명할 만한 자료는 찾기 어렵다. 다만 도깨비를 귀신과 혼동했기 때문 아닐까 짐작만 해볼 뿐이다. 도깨비에게 홀린다는 이야기가 많이 떠돈다는 점으로 보아서도 말이다.

도깨비굿의 현장으로서 한 사례

이 조사는 1996년 3월 19일에 진도군 진도읍 서외리에서 행해
진 도깨비굿이다. 과거에 행해진 도깨비굿이 급박하고 위급한 상
황에서 해방되기를 기원하는 목적에서 행해진 것이라면, 현재의
도깨비굿은 유희적인 속성이 강하다.

ㄱ) 서외리 마을의 개관

진도읍 서외리는 진도의 중심지에서 서쪽에 위치한 마을로 행
정구역상으로는 교동리에 속하나, 7반이나 되는 규모가 제법 큰
마을이다. 주민들은 주로 농사를 짓고 있으며, 행정 기관들이 집
중적으로 많이 배치되어 있어 타지 사람들이 많이 거주하고 있다.

마을 뒤편에는 철마산이 있어 마을을 감싸고 있다. 밀양 박씨가
많은 편이며, 이외에 김씨와 이씨 등이 있다. 서외리 마을의 주민
수는 약 칠백 명, 호수는 삼백 호 정도라고 한다. 현재 농사의 주
종은 논농사와 밭농사인데, 밭농사는 구기자를 많이 심고 있다.
과거에는 보리 재배가 많았다. 농사를 짓는 사람들은 점점 줄어들
고 있는데, 자손들이 도시로 나가 살고 있기 때문일 것이다. 도시
에 나가 있는 자손들을 위해 농토를 많이 팔았기 때문에 촌로들
은 손자나 봐주며 낚시 등으로 소일한다. 논이 있는 집은 일백 호
정도이며 대략 10마지기 미만의 땅을 가지고 있다. 밭의 경우는
칠팔백 평 정도를 소유하고 있다.

현재 마을 사람들의 종교는 불교가 대부분이며, 남동리에 위치

하고 있는 진도 천주교회에도 일백 명 정도가 다닌다. 마을에는 예수교 중앙교회가 있는데, 마을 주민들 중 서른 명 정도가 신자이다.

ㄴ) 도깨비굿의 진행 과정

1945년 이래로 전승이 단절되었다가 1983년에 복원된 진도 도깨비굿은 1985년 남도문화제에 출전하기 위해 재현되어 2월 초하룻날 굿을 치르는 것을 연례행사로 정하게 되었다. 원래는 남성 중심의 여제와 함께 여자들 중심의 도깨비굿이 전승된 것으로 보이는데, 현재는 이것이 혼합되어 있다. 이것은 전승 단체의 문제로 보인다. 여성 중심의 도깨비굿에서 여제까지도 지내고 있어 본래의 제의 형태가 많이 변질되었다. 그러면 1996년도 제의를 살펴보자.

준비 과정

음력 2월 초하룻날(양력 3월 19일) 도깨비굿 보존회장인 김상진(남, 68세, 농업, 전 이장) 씨가 제의를 위해 총무와 함께 마을의 부녀자들에게 부녀회관으로 모이라고 알렸다. 물론 그 전날에도 마을의 공터에 모여 소리 내는 연습을 하기도 하였다.

총무인 박명자(여, 45세) 씨의 집에서 오후부터 제물을 준비하기 시작하였으며, 이때 콩나물, 무나물, 배추 등을 마련하였다. 이외에도 메와 함께 명태국을 장만했으며, 몇 사람이 동네의 가게에서 사과, 배, 귤 등의 과일을 사왔다. 이러한 제의 비용은 동네 기금이나 보존회의 기금에서 지출하고 있었으며, 문화원에서도 지원금이 나온다.

제각은 현재 없어진 상태이기 때문에 상여막으로 쓰던 것을 수리하여 사용하기로 하였으며, 귀신들을 가두는 나무상자와 천(天)이라고 쓴 신위도 마련하였다. 오후 4시쯤 이런 것을 미리 준비하기 위해 김상진 보존회장이 목수를 데리고 막으로 올라갔다.

동네 부녀자들은 3시 반쯤 회관으로 모이기 시작하였다. 회관에는 피속곳이나 가면 등이 보관되어 있었으며, 남도문화제에 출품할 당시의 복장들도 그대로 있었다. 옷을 갈아입고 준비를 시작한다. 15명 정도가 모여 있었는데, 사람들이 더 와야 한다며 부르러 가기도 하였다.

피속곳을 든 사람은 남색 치마에 무명 저고리를 입었다. 치마에는 노랑·초록·빨강 등의 천조각을 붙였으며, 저고리는 천조각을 누벼 마치 각설이 복장 같았다. 이외에 나머지 사람들은 남색 치마에 무명 저고리, 또는 검정 바지에 무명 저고리를 입었다. 발에는 짚신을 신고 머리에는 남색 천이나 무명 수건을 둘렀다.

원래는 꽹과리 등의 농악기를 사용하지 않았는데 지금은 흥을 돋우기 위해 농악기를 사용한다. 이외에 사람들은 놋쇠 대접이나 종, 그리고 바가지, 숯불 다리미 등을 들고 나왔다. 특히 바가지를 두드리는 막대기는 약 30센티미터 정도 길이의 대나무로 만들었는데, 두들겨도 부러지지 않고 소리도 잘

진도 도깨비굿의 간짓대들이. 남색 치마에 무명 저고리를 입었다. 치마에는 노랑·초록·빨강 등의 천조각을 붙였으며, 저고리는 천조각을 누벼 마치 각설이 복장 같았다.

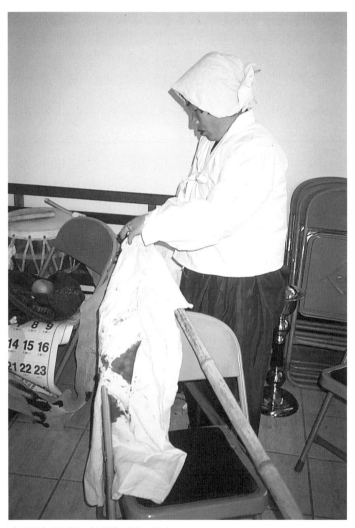

진도 도깨비굿에서 피속곳을 매달고 있다.

난다고 한다.

4시쯤 맥주를 한 잔씩 돌렸다. 이것은 풍물을 울리기 위한 준비 단계로 흥을 돋우기 위해서다. 또한 소리를 내 부녀자들이 모이도록 하는 것이기도 하다.

도깨비 역할을 한 사람은 이읍단 씨(여, 69세)인데, 복장은 검정색 치마 저고리를 입었다. 도깨비는 밤중에는 눈만 보이고 몸은 잘 보이지 않는다고 해서 검정색으로 꾸몄다고 하였다. 머리에는 천으로 만든 가면을 뒤집어썼으며, 남색 털실을 늘여 머리털을 만들었다. 머리 위에는 관을 표시한 것인지, 아니면 도깨비불을 표시한 것인지 확실하지 않지만 반짝이는 리본을 달았다.

부녀자들이 각자 마련한 가면은 모양이 다양하다. 가면이 없는 부녀자들은 검정색으로 수염을 그리거나 입을 크게 보이기 위해서 빨간 색으로 입 주위를 그리기도 하였다. 굿판을 돌면서 검정 숯으로 얼굴을 칠한 사람도 있었다.

사람들이 서른 명 정도 모이자 예행연습과 함께 풍물을 치면서 한바탕 놀이가 시작되었다. 중국집에서 자장면을 배달하여 모든 사람들에게 저녁식사로 제공하였다.

진행 과정

저녁 8시쯤 부녀회관 앞에 사람들이 모여들기 시작하였다. 간짓대, 횃불, 진도 도깨비굿기, 농악대 순으로 출발하기 시작하여 마을 입구인 삼거리로 향하였다. 삼거리는 원래 '바우냇

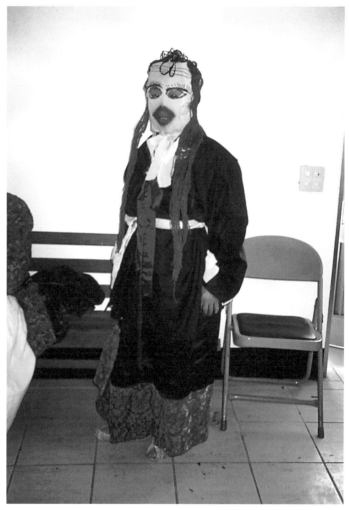

도깨비로 분장한 모습. 검정색 치마 저고리를 입었다. 도깨비는 밤중에는 눈만 보이고
몸은 잘 보이지 않는다고 해서 검정색으로 꾸몄다고 하였다. 머리에는 천으로 만든 가
면을 뒤집어썼으며, 남색 털실을 늘여 머리털을 만들었다.

가'로 불렸는데, 현재는 개천을 복개했기 때문에 냇가의 흔적을 찾기가 어렵다. 삼거리에 도착해서는 먼저 한 바퀴를 돌아 제장의 부정을 치는 행위를 한다.

패거리 가운데는 도깨비 역할을 한 사람과 제물을 걷는 역할을 한 사람이 연신 춤을 추며 흥을 돋운다. 특히 쌀을 걷는 사람은 집집마다 돌아다니며 제물로 바친 쌀을 거두어들이기 때문에 젊고 힘이 센 부녀자를 정한다고 한다. 어느 정도 춤을 추며 놀다가 간짓대를 든 사람이 "오늘 여기 바우냇가로 도깨비굿을 치러 왔으니 도깨비굿을 한번 쳐보세." 하고 소리를 치면 굿패들은 '우─!' 하며 자신들이 들고 있던 기물을 마구 두드린다. 이렇게 세 번을 반복한다.

원래는 풍물과 상관없는 기물을 두드렸다고 하는데, 요즘은 흥이 안 난다고 해서 풍물이 동원되고 있다. 굿패들은 삼거리의 제단 앞에서 원을 그리며 일종의 굿춤을 춘다. 도깨비 복장을 한 사람과 쌀을 거두는 이는 가운데에서 흥겹게 춤을 추며 논다. 잠시 후에 축문을 선창자가 부르면 다른 굿패들은 반복적으로 따라 외친다.

자강 자강 / 신미귀 / 두여우 슬벽 / 귀도 피지선 하야 / 원형이 정은 / 천도지상 / 인이 여지는 / 이성지강이라 / 넘차 골초는 / 무의불선하여 / 애연사러니 / 수감이 / 형현이라

이러한 과정의 굿을 먼저 행하고 나서 집집마다 돌아다니

도깨비를 가운데 놓고 노는 굿패.

진도 도깨비굿의 바가지 두드리는 모습.

게 된다. 제일 먼저 이세춘 씨 댁에 들어가 굿패들이 흥겹게 풍물을 울리면서 집 안으로 들어서면 집주인은 마루에 제물 상을 차려놓는다. 제물은 매우 간단하여 짚으로 자리를 마련 하고 상 위에 정화수와 쌀이 담긴 대접, 그리고 그 위에 만 원 지폐를 한 장 꽂아놓는다. 굿패들은 풍물을 잠시 울리고 나서 도깨비를 쫓는 제의를 행한다.

"여보게들."
"예ㅡ."
"여기 이세춘이네 집으로 도깨비굿을 치러 왔으니, 도깨비 굿을 한번 쳐보세."
"예ㅡ."

그런 다음 풍물을 신나게 울리면서 마당을 한 바퀴 돌면서 춤을 춘다.

"여보게들."
"예ㅡ."
"아이 저눔의 목욕탕에 도깨비가 들어가 있으니 도깨비를 몰아보세."
"예ㅡ."
"쉐ㅡ."
"쉐ㅡ."(모두들)

진도 도깨비굿에서 도깨비를 쫓는 굿패.

"쉐-."

"쉐-."(모두들)

"쉐-."

"쉐-."(모두들)

    그런 다음 다시 한 번 풍물을 울리면서 마당을 한 바퀴 돈
다. 또 다시

"아이 저눔의 도깨비들을 근처 마구총에서 다 몰아냈는데,
또 저 마구총에 있으니 한 번 더 몰아내보세."

"예-."

"쉐-."

"쉐-."(모두들)

"쉐-."

"쉐-."(모두들)

"쉐-."

"쉐-."(모두들)

    "쉐-."라고 외칠 때는 간짓대를 든 사람이나 횃대를 든 사
람, 그리고 각종 악기나 기물을 든 사람들도 모두 앞쪽으로 든
것을 내민다. 마치 도깨비를 쫓아내는 시늉을 한 것이다. 특히
집단적인 외침을 통해서 도깨비를 쫓고 있어 흥미롭다. 이러
한 과정을 거쳐 쫓아내는 시늉이 끝나면 선창자의 축문에 따

개인집에서 도깨비굿을 할 때 차리는 상.

라 굿패들은 반복적으로 따라서 외친다.

자강 자강 / 신미귀 / 두여우 슬벽 / 귀도 피지선 하야 / 원
형이 정은 / 천도지상 / 인이 여지는 / 이성지강이라 / 넘차
골초는 / 무의불선하여 / 애연사러니 / 수감이 / 형현이라

축문이 끝나면 굿패들은 풍물과 각기 잡고 있는 기물을 치
면서 마당을 돈다. 그 사이에 쌀자루를 진 사람은 먼저 정화수
를 마당 쪽으로 한 번 뿌린 뒤에 쌀로 "쉐-, 쉐-." 하면서 도깨
비를 쫓는 시늉을 한다. 그것이 끝나면 상 위에 놓여 있는 쌀
을 부대자루에 담는다. 이때 상에 있던 돈은 오른손에 쥐고 쌀
자루는 어깨로 넘겨 왼손으로 잡는다.

이것이 끝나면 굿패들은 둥덩에타령을 부르면서 마당에서 한바탕 흥겹게 놀아댄다. 이때도 역시 도깨비 역할을 한 사람과 쌀자루를 진 사람은 패거리의 가운데로 나와서 춤을 주도한다.

둥덩에둥 둥덩에둥 덩기둥덩 둥덩에둥
둥덩에둥 둥덩에둥 덩기둥덩 둥덩에둥
어누가 날찾어 어누가 날찾어
술잘먹는 이태백이가 술맞이가자고 날찾어
둥덩에둥 둥덩에둥 덩기둥덩 둥덩에둥
잡새야 잡새야 너는 어디서 자고 오냐
허낭청청 수양버들 그늘이 좋아서 자고 온다
둥덩에둥 둥덩에둥 덩기둥덩 둥덩에둥
대야창 대야창 쩡쩡 울리는 대야창
가만이 가더라도 소리만 난다
둥덩에둥 둥덩에둥 덩기둥덩 둥덩에둥

다음으로 서상옥 씨네 집으로 몰려가 마찬가지로 큰채, 행랑채, 마루에 있다고 생각되는 도깨비를 쫓는 굿거리 과정을 거친다. 박정진 씨 댁에서도 같은 형식을 갖춘다. 개인적인 도깨비쫓기에 들어갈 때 그 집안에서 술을 마련하여 굿패들에게 간략하게 술을 주기도 한다. 제의 과정에서 원래 남성들의 참여가 불가능했는데, 요즘은 구경거리로 생각하고 많은 남성

진도 도깨비굿의 제물상 앞의 불.

들이 나와서 구경을 한다.

집집마다 찾아다니면서 도깨비굿을 하는 것을 올해는 세 집만 돌고 마을 입구의 삼거리로 다시 온다. 이때도 간짓대를 든 사람, 횃대를 든 사람, 도깨비 형상을 한 사람의 순으로 간다. 마을 입구에 도착해서 패거리들은 기물들을 두들기면서 노는 동안 제물을 진설한다.

먼저 제물을 차릴 곳에 짚으로 자리를 마련하고 그 위에 상을 놓는다. 상 위의 제물 차림은 맨 앞에 수저를 놓고 메와 국, 나물, 과일의 순으로 놓는다. 모두 세 그릇씩 놓는데, 술이 없는 것이 특징이다. 상차림이 끝나면 패거리 중에서 한 사람이 나와 축원에 들어간다.

〈채록불가〉

가자 마자 자 이렇게 매년 초하루 이렇게 보냅시다

소당에 모두 조용하니 아무 탈 없이 받들어주시옵소서

토지대감 서낭대감 사천왕님 모두 문을 열어주셔서

이월은 초하루 날도 좋고 달도 좋고

병자년 이올소이다

아무 연고 없이 모두 다

인간이 모두 다 회없이

개비대감이나 받들어주시고

앉아서 천리, 서서 구만리를 보시는데 모르시것소

자 아는 듯이 보는 듯이 복을 맹글어 주시옵소서

축원이 끝나면 고시레를 한다. 모든 제물은 짚 위에 엎어놓으며, 사과만 사방으로 하나씩 땅바닥에 던져 깨뜨린다. 이것으로 제의가 끝난 것으로 패거리들은 악기와 탈들을 벗어 불을 피운 자리 옆에 모아놓는다. 그런 다음 불을 가로질러 건너고는 한쪽 자리에 모여 앉는다. 모든 사람이 이렇게 하는 것은 아니다.

패거리 중에서 제관 세 명만 제각으로 오른다. 제각 앞에 간단히 제물을 진설한 뒤, 제관 두 명이 절을 2배 반 올린다. 그리고 축원을 하는데 조도금 씨와 김순자 씨가 맡아서 했다.

총 맞아 죽은 귀신

물에 빠져 죽은 귀신

처녀 죽은 귀신

애기 낳다 죽은 귀신

총각 죽은 귀신

모두 2월 초하루, 하룻날입니다

오늘 일 년 열두 달 농사를 지을라고

도깨비를 가두러 왔으니

오늘은 모두 도깨비굿을 유래부터 있는 일이 있어서

옛날부터 있어서 지금 오늘 굿을 치고 가두러 왔습니다

그렁케 오늘 가두면 그냥 9월 중구까지 짤싹 말고 그대로 정지하고 있어서

그라믄 인제 내년 또 초하루에 다시 만나게 그렇게 할랍니다

축원이 끝나면 합장을 하고 절을 올리고 귀신을 호명하면서 당으로 모는 시늉을 한다. 그것이 끝나면 당 문을 쇳대로 잠가둔다. 제물로 당문 앞에다 고시레를 한다.

여기까지 제사가 끝나면 모두 내려가 집으로 돌아간다. 제물 준비는 총무 집에서 모두 마련하는데, 삼거리에서 제사지낼 때 제물과 제각에서 지낼 때 제물은 다르다. 제물은 제사를 올리기 직전에 총무 집에서 가져온다.

도깨비굿의 특징

그런데 도깨비굿을 할 때 귀신들을 호명하는 것으로 보건대 도깨비를 귀신과 혼동하고 있었다. 박병훈 씨는 잡귀가 인간에게 해를 많이 끼치기 때문에 도깨비라고 하지 않았을까 한다.

일제 강점기에도 도깨비굿이라고 불린 것 같은데 현재 귀신을 부르는 과정에서 사각제에서 귀신으로 호칭을 하는 방식으로 재창작되었을 가능성과 또 다른 점에서 본다면 남성 중심의 유교식 제의인 여제와 혼동되었을 가능성이 높다. 도깨비굿 고증자들도 대개 그렇게 생각하고 있다. "도깨비굿은 전염병이 이웃마을에 들어왔을 때 그것을 예방하기 위해서 했다."(박병훈, 『진도도깨비굿』, 진도문화원, 1996, 5쪽)는 언급이 좋은 예다.

원래 여제는 남성이, 도깨비굿은 여성이 했다가 재현하는 과정에서 부분적으로 달라졌을 것이다. 지금은 남성들의 참여가 거의 미약하고 도깨비를 가두는 과정도 여성들이 하고 있는 것이다.

치성을 올리는 제관.

제물 음식.

진도와는 다른 전북 순창의 도깨비굿

전북 순창의 탑리에서도 오래전부터 도깨비굿이 전승되어왔다. 남성들에 의한 당산제가 정월 보름에 거행되고 난 이틀 뒤인 17일에 행해졌다.

이 마을은 전형적인 농촌마을로서 순창에서 전주로 올라가는 길목에 있다. 그래서 주막이 많았으며, 마을 호수도 150여 호에 이를 정도로 큰 마을이었다고 한다. 이러한 지리적 특성상 외지인들의 출입이 잦았고 그런 이유에서 돌림병이 자주 발생하지 않았을까 싶다.

탑리의 도깨비굿도 여성들이 치른다. 제의 장소는 마을로 들어오는 동서남북의 네 곳인 철륭(마을 뒷산의 송곳바우), 동네산(초장골), 아랫당산(마을 남쪽의 입구), 동네방죽(북쪽)이다. 아랫당산은 일종의 돌탑 형태인데, 이 마을에 있는 지석묘와 함께 풍수지리적인 영향을 받은 것 같다. 당산제와는 달리 마을의 주 입구를 대개 도깨비굿의 제의 장소로 삼는데 이는 도깨비의 출입, 즉 돌림병의 유입을 원천적으로 막으려는 의도이다.

제의 장소에 차리는 제물의 종류는 네 곳이 모두 같다. 주된 제물은 메밀묵이다. 한 곳에서 다른 곳으로 이동할 때 여성들로 구성된 굿패들이 풍물을 울리면서 간다. 남성들의 참여는 금하고 있으며 방죽에서 제의를 드릴 때는 참여할 수 있다.

도깨비제를 위해서 부녀자들이 주동이 되어 총회를 열며, 이때 제주(祭主)와 제사 비용 등을 결정한다. 제주는 부녀자 중에서 제일 깨끗한 사람으로 뽑으며, 제주로 뽑힌 사람은 17일까지 외부 출입도 금하며 항상 정결하게 몸을 관리한다. 제물은 16일부터 준비하며, 제물 중 가장 중요한 것은 메밀이다.

탑리의 도깨비굿은 진도와 달리 정월 초에 이루어진다. 돌림병이 그해에 들어오는 것을 막으려는 것이다. 이러한 제의적인 주술성은 정월 초에 당산제를 올림으로써 그해의 농사가 잘되기를 기원하는 주술적인 목적과 일치한다. 도깨비굿의 기원 대상은 풍요를 가져다주는 신격들이기보다는 역신적인 모습을 갖고 있는 도깨비이며, 이들을 잘 먹여 보냄으로써 병 없이 한 해를 평안하게 지낼 수 있도록 기원한다.

여자가 병에 걸렸을 때 행해지는 제주도의 영감놀이

도깨비와 관련한 무속 신앙으로는 제주도의 영감놀이가 있다. 영감놀이의 '영감'은 도깨비를 상징한다. 제주도에서는 여자들이 병에 걸리면 도깨비가 여자 몸으로 들어왔기 때문이라고 생각한다. 영감놀이는 도깨비 형제들을 불러다가 잘 먹여 보내면 여자들의 병이 낫는다는 주술적인 제의다. 이런 영감놀이는 현재 제주도에서만 전승되고 있어 지역적인 특징을 잘 보여주고 있다.

영감놀이는 초감제, 영감청함, 막푸다시, 도진(배방선)의 순으로 진행된다. 영감놀이 중에서도 영감본풀이는 초감제에서 구연되며, 가장 뚜렷한 놀이 과정을 보여주는 것은 영감청함에 있다. 영감본풀이의 줄거리는 이렇다.

> 서울에 사는 짐치백은 세 아들이 있었다. 그런데 이 아들들
> 의 행실이 워낙 나빠 만주로 귀양을 보냈다. 만주로 가던
> 세 아들은 송 영감 집을 찾아가서 잘 대접하면 부자로 만들
> 어주겠다고 했다. 송 영감은 이들을 잘 대접했고 부자가 되
> 었다. 송 영감은 이들이 사람이 아니라 도깨비인 줄 알고
> 안동땅을 베어오라고 말한다. 이들이 어떻게 베어올 수 있
> 겠는가? 그래서 송 영감은 이들을 세 토막을 내고 백말가
> 죽과 백말피를 뿌려 합체될 수 없도록 만든다. 이들 아홉
> 몸체는 각 지역의 명산으로 가서 신으로 좌정하는데, 막내
> 가 한라산으로 오게 된 것이다.

이러한 본풀이 내용은 '도깨비 만나 부자 되기' 구조와 거의 같
다. 아마도 '도깨비 만나 부자 되기'가 영감놀이의 본풀이였을 가
능성이 있다. 또한 제주도로 전해지면서 본풀이로 자리 잡은 것으
로 추정되기도 한다.

영감놀이의 도깨비는 매우 재미있고 해학적인 속성을 띠고 있
다. 도깨비는 여자를 매우 좋아하는 호색한일 뿐만 아니라, 수전
증으로 손을 달달 떨 만큼 술을 좋아한다. 오죽했으면 하위신인
데도 '오소리잡놈'이라고 부를까? 본풀이 중에 나오는 한 대목을
보면 도깨비의 성격을 잘 알 수 있다.

제주 입춘굿(영감놀이).

제주 영감놀이의 영감(도깨비).

立巫 : 이거 보시오. 영감은 어디가 질 좋아하여요? 거 영
　　　감을 청허여서 그런 거나 알자고 우리가 청헌 건데
　　　어디가 영감은 질 좋아하여요?

영감 : 우리는 팔도명산 산천마도 가문 머들 한머들 들꿋
　　　여꿋 난여 든여 정살여 도랑여 숨은여 이런디서
　　　놀지.

立巫 : 물은 싸면 강변에 놀고?

영감 : 그렇지 잘 아는구나 물은 싸면 강변에 놀고.

立巫 : 동서는?

영감 : 동서는 우리 일곱 동서지요. 허터지면 열늬 동서
　　　모여지면 일곱 동서지요.

立巫 : 거 어장촌 좋아ㅎ고?

영감 : 허 잘 아는구나. 그렇지 일만줍수청 좋아ㅎ고.

立巫 : 홀어멍 방도 좋아허지요?

영감 : 그렇지 더 좋아ㅎ지.
　　　(중략)

立巫 : 영감이 질 좋아ㅎ는 건 무슨 노래를 좋아해요?

영감 : 좋은 소리요? 거 풍악 있소?

立巫 : 풍악. 그런 걸 알아보기 위흔 것이요.

영감 : 울쩡 울뿍 있소? 장단 있소?

立巫 : 풍악으로 흔번 놀아볼까요?

영감 : 허허 경흔디 우리 흔번 먹읍시다.

立巫 : 그렇지. (술잔에 술을 부어주며) 초잔 청감주요.

영감 : 청감주요. (술잔 든 손을 달달 떨면서 마신다)

立巫 : 이챗잔은 둔감주 식혜주 돌아닦아 한한주요. (다시 술을 부어준다)

영감 : 초잔은 청감주요? 이챗잔은 즈청주요? 돌아닦아 한한주요? 허허허허. (손을 달달 떨며 다시 먹는다)

立巫 : 거 고소리 싼 거요.

영감 : 경혼디 이거 우으로 먹소? 알로 먹소?

立巫 : 코으로 마셔요? 입으로 마셔요?

영감 : 입으로 허허.

立巫 : 영감 어찌 수정증이 많소?

영감 : 허허허허 기영혼디 우리 뒤에 하군줄덜 이서 정살여 숨은여 도랑여 난여 든여 하군줄덜 얼어 벗은 굶은 하군줄덜 초잔은 청감주요 이챗잔은 즈청주요. 돌아 닦아 한한주 허허허허 많이 지냉기자. (술잔을 내던진다. 하나는 자빠지고 하나는 엎어지자)

立巫 : 거 못 먹었어요. (다시 술잔을 부어 영감에게 준다. 영감이 다시 술잔을 던져 바로 자빠지니 술마심을 끝낸다)

영감 : 이거 누구요. (구경꾼 여인을 가리키며)

立巫 : 열두 동세요.

영감 : 열두 동세? 그렇지 금체 옥체 야체 많이 먹고 많이 쓰자. 우리 혼잔 먹어시니 소리 좋은 살장구영 울랑 국이영 허영 놀아보자.

_ 김영돈 · 현용준, 「제주도 무당굿놀이」에서

영감놀이는 먼저 본풀이를 부른 뒤에 도깨비 형제를 초청하여 술과 음식을 잘 대접한다. 그런 뒤에 여자 몸에 들어온 막내 도깨비를 데리고 가도록 청한다. 이것은 배송선을 띄워 보내는 것으로 표현한다.

제주도 영감놀이의 도깨비는 병귀의 속성을 띠고 있으나, 마을에서 행해지는 제의 과정의 도깨비는 풍어를 가져다주는 속성을 지니고 있다. 이것은 육지에서 전승되고 있는 도깨비굿과 도깨비고사가 합쳐진 것으로 본다. 육지에서 전승되고 있는 다양한 도깨비 신앙과 도깨비 이야기들이 제주도로 흘러 들어가면서 나름대로 독자적인 신앙체로 정착된 것 같다.

특히 제주도의 도깨비는 다른 지역과는 달리 대장신격의 자리에 있다. 그 이유는 아직까지 명확하게 밝혀지지 않았다. 아마도 도깨비의 부신성 때문일 거라고 생각될 뿐이다. 진도의 벽파진에서 흘러 들어갔을 송도채비담이 그 좋은 사례다.

진도의 송씨 집안은 대대로 대장장이를 해왔는데, 송씨의 시조가 진도에서 제주도로 건너갈 때 도깨비를 모시고 갔다는 것이다. 송씨의 시조는 도깨비를 집안의 신으로 모셨을 것이다. 대장신격으로 전승된 도깨비의 속성은 일반적인 도깨비의 속성과는 달랐을 것으로 보인다.

실제로 제주도에서는 개인적으로 도깨비를 모시는 경우가 있었다. 도깨비를 모시는 집안의 여자들은 다른 집안으로 시집을 가게 되더라도 그곳에서 도깨비를 모셔야 했다. 그렇지 않으면 집안이 망한다는 것이다. 그래서 도깨비를 모시는 집안과는 통혼을 하지

제주 칠머리당굿의 영감놀이.

않았다고 한다.

　제주도의 도깨비는 역신으로, 풍어를 가져다주는 신으로 모셔졌을 뿐 아니라 가신(家神) 신앙으로도 모셔졌던 것이다. 이러한 특징을 제주도에서만 찾아볼 수 있다는 점에서 육지의 도깨비 신앙 형태와는 다르지만 그런 차이가 육지의 도깨비 신앙과 완전히 다른 것으로 보기는 어렵다. 제주도의 도깨비 신앙 가운데 영감놀이만이 유일하게 오늘날까지 전승되고 있다.

3 화재신으로 모셔지는
도깨비굿

지역에 따라 도깨비불에 대한 인식의 차이가 있는 것은 생활방식이 다르기 때문이기도 하다. 내륙 지방에서는 도깨비불의 조화로 인해서 집에 불이 난다고 믿는데, 과거에는 시골집의 지붕을 초가로 얹었기 때문에 불이 나기 쉬웠다는 점과 무관하지 않을 것이다.

도깨비불은 불을 낼 수 있는 능력을 갖고 있는 것은 아니다. 그런데도 사람들은 도깨비불 때문에 초가에 불이 날 수 있다고 생각했다. 아마도 도깨비불의 '불' 때문에 화재가 연상된 탓일 것이다. 도깨비불 때문이 아니더라도 도깨비가 마을을 돌아다니면서 초가에 불을 놓는다고 믿기도 했다. 이것은 도깨비의 심술과 장난기 때문에 그렇게 생각되었을 수 있다. 한 집도 아니고 여러 집이 한꺼번에 불이 나는 것을 경험한 사람들은 그 이유를 도깨비불 때문이라고 믿는다. 그래서 전라북도의 내륙 지방에서는 지금까지도 도깨비고사가 전승되고 있다.

도깨비불로 인한 화재를 막기 위해 제의를 지내는 마을들이 충청북도에도 많았던 것으로 보인다. 1967년에서 1968년 사이에 실시된 문화재관리국의 〈마을제당〉이라는 설문조사 내용을 보면 도깨비불로 마을에 불이 나는 것을 막기 위해 장승을 세우기도 했다. 충북 청원군 옥산면 오산리 신평동이 그 마을이다. 충북 중원군 상모면 안보리 보계동에서는 일제 강점기에 대안보마을에서 도깨비불 때문에 화재가 자주 일어나 별신제를 지냈다고도 한다. 충북 중원군 소태면 복탄동 인다마을에서는 70년 전 구 산제당 나무를 벤 뒤부터 마을에 불이 자주 일어났다고 한다. 이것을 도깨비불의 장난이라고 여겨 매년 제사를 지냈고 그 이후로는 일어나지 않았다고 한다. 이들 지역에서 행해진 도깨비불 관련 마을제의는 현재 전승이 단절되었다.

전라북도 무주와 진안, 그리고 임실 지방에서는 지금도 도깨비고사를 지낸다. 마을에 불이 나지 않기를 기원하기 위해서다. 대개 도깨비고사는 정월에 지내는 것이 일반적이지만, 임실군 관촌면 구암리에서는 음력 10월 30일에 지낸다.

진안군 백운면 반송리에서는 도깨비제를 정월 16일에 지내왔다. 이 마을에서는 부녀자들만 참여한다. 전북 순창이나 전남 진도의 도깨비고사는 이들 지역과 성격이 달라 돌림병이 돌 경우 지낸다. 여기서도 여자들만 제의에 참석할 수 있다. 반송리의 경우에도 여자들만 제의에 참여한다.

구암리의 경우는 남자와 여자가 모두 참여하는 풍물굿 형태로 지내왔다. 이 마을에서는 10월 30일에 고사를 지내는데, 그 이유는 추운 겨울에는 군불을 많이 때기 때문에 불이 날 위험이 높다는 것이다. 그래서 정월에 고사를 지내기보다는 겨울이 시작될 때 고사를 지냄으로써 마을에 불이 나는 것을 막고자 한 것이다.

구암리와 달리 관촌면 상월리에서는 도깨비고사를 '김새환제'라고 한다. 현재는 전승이 단절되었는데 정월 7일부터 준비해서 9일에 제사를 지냈다. 여성만이 참여할 수 있으며 농악대를 조직하고 제사 음식을 장만하는 밑집을 정한 뒤에, 마을 각 집에서 제비를 조금씩 추렴한다. 이것으로 제물을 차리는데 이를 '김새환 밥 차려준다'고 말한다. 도깨비고사를 지내게 된 이유가 이 마을에서도 불이 많이 났기 때문이라고 한다. 또한 고사를 지내면서 외지에 나가 있는 자손들이 잘 되기를 기원하기도 한다.

무주읍 대차리에서는 정월 보름과 10월 14일에 산제(山祭)를 지내는 과정에서 도깨비집에 제물을 간단히 차려준다. 이 마을에서 고사를 지내는 당은 다섯 개나 되는데, 도깨비집은 그중에서 마지막에 한다. 도깨비집은 마을의 한 끝인 원당이라는 곳에 있으며, 독을 하나 묻어놓고 메밀묵을 올려줄 뿐이다. 이곳에서는 축문과 절을 하지 않는다.

재미있는 것은 과거 원당 밑에 살고 있던 집에서는 이 고사와는 별도로 부엌의 장광에 메밀묵을 차려주는 제의가 있었다고 한다. 도깨비가 자주 나타나 흙을 끼얹거나 무쇠솥의 뚜껑을 솥 안에 집어넣는 등 장난이 심했기 때문이라고 한다.

대차리 마을 전경.

이러한 도깨비고사의 중요한 제물은 마찬가지로 메밀로 만든 묵이나 떡이다. 현재는 마을마다 지붕 개량을 했기 때문에 불이 나는 일이 드물어졌다. 특히 마을마다 교회가 생겨나 자연히 도깨비고사는 미신이 되었고 전승 또한 단절되었다. 위의 마을 중에서 지금까지 제의가 남아 있는 곳은 반송리와 구암리뿐이다.

전북 진안군 백운면 반송리의 도깨비제

반송리는 면사무소 소재지인 백암리에서 약 3킬로미터 정도 남쪽으로 내려온 신암리로 가는 길목에 있다. 자연마을로는 반송과 두원, 주암동의 세 개 마을이 있다. 원래 밀양 박씨의 집성촌이었는데, 현재는 여러 성씨가 모여 산다. 약 30호에 60명 정도 살고 있으며 특용작물로는 고추가 있다. 반송리라는 명칭은 마을 입구에 있는 소나무가 마치 소반처럼 생겼다는 데서 유래하였다. 이 마을에서 전승되어 온 도깨비제는 반송마을만 참여한다. 교회는 없지만, 동창리에 있는 동창교회로 주민의 3분의 1 정도가 다닌다고 한다.

고사를 지내는 곳은 마을 입구 오른편에 있는 개울가인데, 원래는 이곳에 반솔나무가 있었지만 현재는 고사해서 없어졌다. 반솔나무는 마을의 당나무였다고 한다. 비록 나무는 없어졌지만 그 자리에 제물을 차려놓고 고사를 지낸다.

제의 일시는 정월 16일로 부녀회에서 주관한다. 제관도 부녀회

전북 무주군 무주읍 대차리의 김새환돌.

대차리 도깨비집의 독.

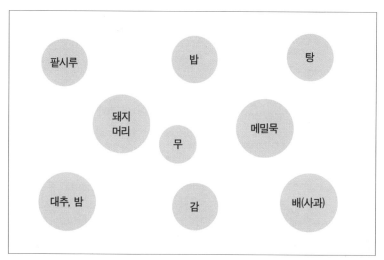

팥시루 밥 탕

돼지머리 무 메밀묵

대추, 밤 감 배(사과)

제물진설도.

에서 순번제로 세 집씩 정해놓았으며, 만약 맡은 집에서 불상사가 생길 경우는 다음 집으로 넘어간다. 세 집 중에서 한 집은 제물을 장만하며 이 집을 밑집이라고 부른다. 밑집은 제물 준비를 하기 앞서 부엌에서 목욕재계를 하고, 부녀회에서 밑집에다 금줄을 친다. 제의에 참여할 수 있는 사람은 처녀를 제외한 마을의 부녀자들이다.

제의 날짜가 다가오면 제물을 맡은 집에서 백운면과 임실, 진안 등으로 장에 맞춰 다녀온다. 제물로는 돼지머리, 소고기, 삼실과, 소지, 술 등이다. 제기는 마을의 창고에 보관되어 있는 사기그릇을 사용한다.

제의날이 되면 밑집에서는 돼지머리를 삶고 팥시루와 메밀묵을 장만한다. 메밀묵은 3~4되 정도로 만든다. 또한 저녁에 메와 탕을

반송리 마을 전경.

전북 진안군 백운면 반송리의 도깨비제를 지내는 당산나무.

준비하여 당으로 가지고 간다.

당에 오르는 시각은 대략 8시 무렵이다. 부녀자들이 모두 모여 풍물을 울리면서 당으로 간다. 당에 도착하면 제물을 차리고 부녀자들이 모두 절을 올린다. 도깨비제이기 때문에 축문은 따로 없다고 한다. 절을 마친 뒤에는 참석한 부녀자들이 각자의 소지(燒紙)를 올린다. 이때 소지는 밑집에서 가져온 것이다. 이것이 끝나면 대략 10시쯤이 된다. 그러면 제물을 내리고 마을회관으로 와서 한바탕 신나게 논다.

제비는 가가호호 주는 대로 받는데, 쌀로 받으면 약 4말 정도가 걷힌다. 제주에 대한 특별한 사례는 없다. 이것은 순번대로 밑집을 맡기 때문이다. 제사에 대한 마을 사람들의 호응은 어느 정도는 남아 있는 편이다. 이 마을에서 도깨비제를 행하는 것은 역시 마을에 불이 자주 났기 때문이라고 한다.

전북 임실군 관촌면 상월리 상월의 '김새환제'

상월리는 관촌면 소재지에서 약 9킬로미터 정도 떨어져 있으며, 버스로는 약 15분 정도 걸리는 곳에 있는 전형적인 산촌이다. 예전에는 100호 정도가 살 정도로 큰 부락이었는데, 현재는 상월에서만 35호 정도가 산다. 이 마을에는 황씨가 제일 먼저 들어 왔으며, 지금은 천안 전씨가 많은 편이다.

자연부락은 상월과 월은이 있는데, 이곳에서 지내는 '김새환제'

는 상월에서만 지내왔다. 하지만 '김새환제'도 2년 전부터 지내지 않는다. 밭작물은 고추와 담배가 주종을 이루며, 논은 각 호마다 15~20마지기 정도 있다. 마을에는 교회가 없고 산 쪽에 신흥사라는 절이 있어 그곳에 다닌다고 한다.

상월에서 지내는 마을 제의가 '김새환제'인데 도깨비제라고도 한다. 도깨비를 '김새환'이라고 부르기 때문이며 '김생원'이 와전된 것으로 보인다. 제의는 1월 7일부터 준비해서 9일에 지냈다.

제사는 마을 왼편에 있는 개울 옆의 논에서 지냈다. 그러나 다리가 생긴 뒤로도 이곳에서 했기 때문에 특별히 당이 있는 것은 아니다. 지붕 개량을 하기 전에는 마을에 불이 많이 나 도깨비제를 지내게 되었다고 한다. 지금은 과거만큼 불이 나지 않아 제의도 시들해진 것으로 보인다.

1월 7일부터 8일에는 여자들이 주동해서 농악대를 조직하고 마을 주위를 도는 굿거리가 행해진다. 제물을 차리는 밑집은 부녀자들이 순번제로 돌아가면서 맡았다. 이것은 정월 초쯤 부녀회에서 정한다. 제비는 동네에서 십시일반 정성껏 거둔다.

7일날 밤 밑집에 모여 굿을 한 번 하고 동네를 한바퀴 돌면서 동서남북에 절을 한다. 밑집에 금줄이나 황토는 뿌리지 않으며 밑집의 부녀자는 초상난 집이나 애기를 낳은 집에는 출입을 하지 않는다.

제물은 관촌장에 나가서 구해 오는데, 이때는 밑집이 맡지 않고 장에 나가는 사람이 대신 구해 온다. 삼실과와 초, 소지, 막걸리 등을 간소하게 구입한다. 예전에는 돼지머리를 구해 왔으나 근래에 들어서는 하지 않았다. 밑집에서는 팥시루, 메밥 두 그릇, 탕, 메밀묵, 팥죽 등을 장만한다. 탕에는 두부와 명태를 넣는다.

제물 장만이 끝나면 제사장으로 제물을 옮긴다. 날이 추우면 일찍 가고 따뜻하면 늦게 가기도 한다. 도착해서 짚을 깔고 제물을 진설하며 참석한 부인들이 모두 절을 올린다. 제물을 차리는 제기는 특별히 정해진 것이 없다. 음식 맛은 보지 않으며 양푼이나 함지에다 그대로 퍼서 담아놓는다. 축문이 없고 소지도 마을 소지를 올리는 정도다. 소지는 비손을 할 수 있는 부녀자 중에서 한다. 개인 소지는 없다. 제사가 끝나면 주위의 논에 고시레를 하고 밑집으로 돌아온다.

밑집에 온 사람들은 음복을 하며 풍물을 치면서 논다. 밑집에 대한 특별한 사례는 없다. 제비는 약 10만 원 미만이데, 제물을 구입하는 데 드는 비용보다는 음복할 때 드는 비용이 많다.

제사를 지내는 목적은 동네에 불이 나지 않기를 비는 것이 주된 것이지만, 외지에 나가 있는 자손들이 잘되기를 빌기도 한다. 또한 동네에 외로운 곳이 없기를 빈다. 돌림병이 돌거나 해도 도깨비고사를 지내지는 않는다.

전북 임실군 관촌면 구암리의 도깨비굿

이 마을을 임실군 성수면과 진안군 성수면, 그리고 진안군 백운면의 경계에 자리 잡고 있는 산촌마을이다. 임실군 관촌면에서 백운면으로 가는 지방도로를 타고 오른편으로 약 1.5킬로미터 정도 올라가면 마을이 나타난다. 이 마을을 구암리라고 부르게 된 이유는 마을 입구에 거북 형상을 한 바위들이 많이 있기 때문이라고 한다.

입촌조는 전주 최씨로 5대조까지가 있다고 한다. 1980년대까지만 해도 45호에 394명이 살고 있었는데, 현재는 20호에 40명 정도가 살고 있다. 논은 178마지기가 있으며, 고추와 담배가 주작물이다.

이 마을에서 전승되고 있는 도깨비굿은 풍물굿 중심이며 여기에 유교식 제의가 가미된 형태다. 지금은 상쇠를 맡았던 분이 사망했기 때문에 풍물이 약화되었다.

이 마을에서 전승되고 있는 도깨비굿은 음력 10월 30일에 지낸다. 정월에는 춥기 때문에 수확이 마무리된 10월로 정했다고 한다. 추운 겨울이 되면 불을 많이 때게 되고, 이 때문에 불이 날 가능성이 높다는 점에서 겨울의 초입에 해당하는 이 시기를 제의날로 정했을 거라고 생각된다.

당은 마을 입구에 있는 당목인 느티나무 주위다. 느티나무 주위에는 개암나무와 포플러나무가 같이 심어져 있다. 이곳에서 제물을 차려 제사를 지낸 뒤 삼거리로 오게 된다. 삼거리에는 과거에 웅덩이가 있어 불이 날 경우 물을 길었는데, 현재는 도로를 내면서 메워버렸다. 그래서 그 자리에서 거리제 형식으로 간소하게 제사를 지낸다.

제사에는 남녀 모두 참석할 수 있다. 제관은 당일 정하며, 제물 장만은 이장 부부가 맡아서 한다. 금줄이나 황토도 뿌리지 않으며 몸만 깨끗하게 한다.

제물은 이장 부인이 제의날 이틀 전까지 백운면사무소 소재지에서 메밀을 방아 찧으며 콩나물, 쑥갓, 명태 등을 사왔다. 제육으로는 돼지고기를 쓰는데, 제의 사흘 전에 관촌 터미널에 있는 정육점에서 미리 구해 왔다. 당일은 술을 사왔으며, 제물에는 과일이 없다.

당일이 되면 이장 부인은 메밀로 만든 시루떡을 만드는데, 이때는 꼭 가마솥에 불을 때서 만들어야 한다. 그밖에 돼지고기를 삶고 시금치나물·콩나물·김치·두부조림·명태조림 등을 만든다.

제물 장만이 끝나고 7시 30분쯤에 마을 사람들이 이장집으로 모였다. 이때 제관을 정했는데, 박춘석(74세), 김동민(55세), 송옥순(74세) 씨 등이 뽑혔다. 나머지 사람들은 마을 창고로 가서 풍물을 챙겨 갈 준비를 했다.

7시 40분쯤 풍물을 울리면서 당으로 향했다. 당에 도착해서 먼저 짚으로 자리를 만든 뒤 이장이 제물을 진설하고 절을 올린 다음 축원을 드렸다. 제물의 진설은 특별한 형식이 없이 커다란 함지박에 제물을 담은 상태 그대로 하였다. 메밀시루떡만은 다른 양푼에 담아 왔다.

이때 절을 세 번 했는데, 아마도 초헌관·아헌관·종헌관의 형식을 갖춘 것이라 생각된다. 축문은 없으며 소지도 올리지 않는다. 철상을 하면서 간단히 음복을 하고 주변에 고시레를 한 뒤 삼거리로 자리를 옮긴다.

도깨비제를 지내는 당산나무.

도깨비제를 위해 준비한 제물.

이때의 상차림은 오른쪽 그림과 같다.

삼거리의 상차림도 거의 유사하며, 이곳에서는 메 앞에 잔이 세 개 올려진다. 삼거리라는 위치 때문인지는 정확히 확인되지 않았다. 이곳에서도 절을 세 번 올렸으며, 그때마다 헌작을 했다. 그것이 끝나면 철상을 한 뒤 사방으로 고시레를 하고 이장집으로 철수하였다. 이때가 대략 8시 30분쯤이었다. 이장집에서는 모인 사람들끼리 음복을 하고 이것으로 모든 것이 끝난다. 이때 메밀시루떡을 나누어 가졌는데, 이것을 자식에게 먹이면 공부도 잘하고 탈이 없다고 한다.

제사 비용은 쌀 한 말 값을 동네 돈으로 준다. 과거에는 동네 밭이 약 300평 정도가 있어 여기에서 나오는 돈으로 치렀으나, 현

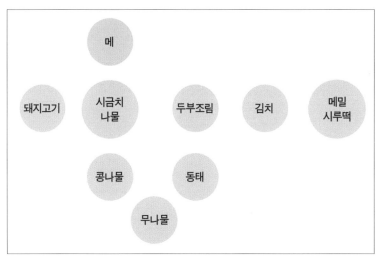

상차림.

재는 밭을 없앴다. 이 마을에는 기독교 신자가 4~5명 정도가 되는데, 하녘북에 위치한 교회에 다닌다고 한다. 그래서인지 마을에서 도깨비굿에 대한 인식은 어느 정도 남아 있다. 그러나 제의 과정이 점차 약식화되고 있어 전승이 오래갈 것 같지 않다.

이 마을의 도깨비굿도 화재와 관계가 깊다. 겨울에 대운재에서 도깨비불이 내려와 집에 불을 내며, 이 불이 이웃으로 번지기 때문에 도깨비를 달래준다는 의미로 고사를 지낸다. 하지만 요즘은 지붕을 개량하여 초가가 거의 없기 때문에 제의의 목적이 줄어들고 있다. 이것이 제의의 전승에 직접적인 영향을 끼치고 있는 것이다.

참고문헌

1. 문헌사료

『계서야담(溪西野譚)』

『고려사(高麗史)』

『금오신화(金鰲新話)』

『삼국유사(三國遺事)』

『석보상절(釋譜詳節)』

『성호사설(星湖僿說)』

『신증동국여지승람(新增東國輿地勝覽)』

『어우야담(於于野談)』

『오주연문장전산고(伍洲衍門長箋散稿)』

『용재총화(慵齋叢話)』

『용천담적기(龍泉談寂記)』

『조선왕조실록(朝鮮王朝實錄)』

『청구야담(靑丘野談)』

2. 단행본

고정옥, 『조선구전문학연구』, 과학원출판사, 1962.

구미래, 『한국인의 상징세계』, 교보문고, 1992.

김기창, 『한국구비문학교육사』, 집문당, 1992.

김성구, 『옛기와』, 대원사, 1992.

김승찬, 『부산 지방의 세시풍속』, 세종출판사, 1999.

김열규, 『도깨비 날개를 달다』, 춘추사, 1991.

김원룡, 『한국고고학개설』, 일지사, 1986.

김종대, 『한국 도깨비연구』, 국학자료원, 1994.

사회과학원 력사연구소, 『조선전사』5, 과학백과사전출판사, 1979.

서대석 편저, 『조선조문헌설화집요(Ⅰ)』, 집문당, 1991.

성기설·최인학 공편, 『한국·일본의 설화연구』, 인하대학교 출판부, 1987.

손진태, 『조선민족설화의 연구』, 을유문화사, 1947.

송재선, 『우리말속담큰사전』, 서문당, 1983.

이기문, 『국어어휘사연구』, 동아출판사, 1991.

이병기·백철, 『국문학전사』, 신구문화사, 1976.

임석재·진홍섭·임동권·이부영, 『한국의 도깨비』, 열화당, 1981.

임동권, 『한국민속학교』, 집문당, 1971.

장권표, 『조선구전문학개요』, 사회과학출판사, 1990.

장덕순, 『한국설화문학연구』, 서울대학교 출판부, 1978.

장주근, 『한국의 향토신앙』, 을유문화사, 1975.

정약전, 『자산어보』, 정문기 옮김, 지식산업사, 1992.

『조선속담집』, 과학백과사전출판사, 1986.

조희웅, 『조선후기문헌설화의 연구』, 형설출판사, 1980.

진성기, 『남국의 무가』, 제주민속문화연구소, 1960.

최길성 엮음, 『일제시대 한 어촌의 문화변용』, 아세아문화사, 1992.

최남선, 『조선의 신화와 설화』, 홍성사, 1983.

최인학, 『한국설화론』, 형설출판사, 1982.

허경희·나승만, 『완도 지역의 설화와 민요』, 목포대학교 도서문화연구소,
　　　1992.

현용준, 『제주도 무속연구』, 집문당, 1986.

3. 논문

강은해, 「한국 도깨비담의 형성변화와 구조에 관한 연구」, 서강대학교 대학원 박사학위 논문, 1985.

_____, 「두두리재고(豆豆里再考)」, 한국학논집 16집, 계명대학교 한국학연구소, 1989.

김영돈·현용준, 「제주도 무당굿놀이」, 중요무형문화재지정자료 14호, 문화재관리국, 1965.

김종대, 「황팔도 전설의 전승과 존재의미에 대한 소고」, 어문논집 23호, 중앙대학교 국어국문학과, 1992.

_____, 「도깨비담의 구조적 변이양상에 대한 고찰」, 문화재 25호, 문화재관리국, 1992.

_____, 「어업과 도깨비담의 관련양상」, 민속학연구 2호, 국립민속박물관, 1995.

_____, 「제주도 영감놀이에 대한 일고찰」, 민속놀이와 민중의식, 집문당, 1996.

_____, 「도깨비신앙의 유형과 전승양상」, 민속학연구 4호, 국립민속박물관, 1997.

_____, 「한국 도깨비담의 유형과 구조특징」, 설화연구, 국어국문학회, 1998.

_____, 「도깨비의 비교연구」, 비교민속학과 비교문화, 민속원, 1999.

김평원, 「도깨비 설화연구」, 전주우석대학교 교육대학원 석사학위 논문, 1990.

김학선, 「한국설화에 나타난 도깨비」, 국제어문 3집, 국제대학교 국어국문학과, 1982.

김화경, 「백제문화와 야래자설화의 연구」, 백제논총 1집, 백제문화개발연구원, 1985.

문무병, 「제주도 도깨비당연구」, 탐라문화 10호, 제주대학교 탐라문화연구소, 1990.

박성의, 「고대인의 귀신관(鬼神觀)과 국문학」, 인문논집 8집, 고려대학교, 1967.

박은용, 「목랑고(木郎考)」, 한국전통문화연구 2집, 효성여자대학교 한국전통문화연구소, 1986.

송영규, 「한불 구전동화의 비교연구」, 중앙대학교 대학원 박사학위 논문, 1989.

이현수, 「진도 도깨비굿교(巧)」, 월산 임동권박사 송수기념논문집, 집문당, 1986.

장덕순, 「한국의 야래자전설과 일본의 삼윤산 전설과의 비교연구」, 한국문화 3호, 서울대학교 한국문화연구소, 1982.

장주근, 「제주도무속의 도깨비신앙에 대하여」, 한국민속연구논문선 Ⅳ, 일조각, 1986.

정병호, 「도깨비굿」, 전통문화, 1983년 4월호.

지건길·안승모, 「한반도 선사시대 출토 곡류와 농구」, 한국의 농경문화 경기대학교 출판부, 1983.

최인학, 「도깨비소원고」, 한국·일본의 설화연구, 인하대학교 출판부, 1987.

현용준, 「영감본풀이와 영감놀이」, 백록어문 5호, 제주대학교 국어교육연구회, 1988, 1쪽~28쪽.

김용의, 「한일옛이야기 비교연구(韓日昔話の比較研究)」, 오사카대학교 문학부 박사학위 논문, 1997.

4. 외국 서적

將梓驊 外, 鬼神學詞典, 陝西 : 陝西人民出版社, 1992.

宮田登, 妖怪の民俗學, 東京 : 岩波書店, 1985.

馬場あき子, 鬼の研究, 東京：三一書房, 1971.

芳賀日出男, 世界の祭り, ポプラ社, 1971.

小松和彦, 異人論, 東京：靑土社, 1985.

若尾伍雄, 鬼傳説の研究, 東京：大和書房, 1981.

柳田國男, 柳田國男集 4卷, 東京：筑摩書房, 1968.

依田千百子, 朝鮮民俗文化の研究, 東京：琉璃書房, 1985.

_____, 朝鮮神話傳承の研究, 東京：琉璃書房, 1991.

村山智順, 朝鮮の鬼神, 朝鮮總督府, 1929.

出石誠彦, 支那神話傳説の研究, 東京：中央公論社, 1972(增補改訂
　　　　版).

今野圓輔, "妖怪", 日本民俗學大系 8卷, 東京：平凡社, 1959.

大島建彦, "宇治拾遺物語と昔話", 昔話と文學, 東京：名著出版, 1984.

藤木典子, "坂部の冬祭り試論", 神語り研究 1號, 東京：神語研究會,
　　　　1986.

_____, "花祭り・冬祭りにみる鬼の形象", 神語り研究 2號, 東京：伍
　　　　月社, 1987.

松原孝俊, "妖怪トケビと人間のコシュニケ-ション", 韓國・日本の說話
研究, 仁荷大學校 出版部, 1987.

李活雄, "「記紀」成立期における「鬼」という表現及びその變遷について",
　　　　民族學研究, 51卷 4號, 日本民族學報, 1987.

5. 자료집

경희대학교 민속학연구소 엮음, 「서산민속지」(하), 서산문화원, 1987.

「광주의 전설」, 광주직할시, 1990.

「내 고향 해제고을」, 해제면지간위원회, 1988.

「민담민요지」, 충청북도, 1983.

「위도의 민속」, 국립민속박물관, 1985.

이훈익, 「인천지방향토사담」, 1990.

「제주도 전설지」, 제주도, 1985.

「제주설화집성」(1), 제주대학교 탐라문화연구소, 1985.

「충남의 구비전승」(상), 충청남도, 1987.

「충주중원지」, 충주문화원, 1985

「한국구비문학대계」, 한국정신문화연구원, 1979~1988.

도깨비,
잃어버린
우리의 신

초판 1쇄 펴낸 날   2017. 1. 2.

지은이   김종대
발행인   양진호
책임편집   위정훈
디자인   강영신
발행처   도서출판 인문서원

등 록   2013년 5월 21일(제2014-000039호)
주 소   (121-893) 서울시 마포구 양화로 56 동양한강트레벨 718호
전 화   (02) 338-5951~2
팩 스   (02) 338-5953
이메일   inmunbook@hanmail.net

ISBN   979-11-86542-33-0 (03380)

이 도서의 국립중앙도서관 출판예정도서목록(CIP)은 서지정보유통지원시스템 홈페이지(http://
seoji.nl.go.kr)와 국가자료공동목록시스템(http://www.nl.go.kr /kolisnet)에서 이용하실 수 있습
니다. (CIP제어번호: CIP2016027684)